Johannes Jacobi

Prinz Louis Ferdinand

Vaterländisches Schauspiel in fünf Akten

Johannes Jacobi

Prinz Louis Ferdinand
Vaterländisches Schauspiel in fünf Akten

ISBN/EAN: 9783743406285

Hergestellt in Europa, USA, Kanada, Australien, Japan

Cover: Foto ©ninafisch / pixelio.de

Weitere Bücher finden Sie auf **www.hansebooks.com**

Prinz Louis Ferdinand.

Vaterländisches Schauspiel in fünf Akten.

Von

Johannes Jacobi.

(Johannes Otto: Verfasser des Säkulardrama's „Ulrich von Hutten".)

— ∞⦂⦂∞ —

Bremen.

Druck und Verlag von M. Heinsius Nachfolger.

1890.

Prinz Louis Ferdinand.

I.

Von Deutschland's Niedergang, aus dunklen Tagen
  Ein Bild der Trauer, trüb und hoffnungsleer,
  Als der Vernichtung Schrecken wild und schwer
Auf allen deutschen Herzen lastend lagen!

In Trümmer ward ein stolzes Reich zerschlagen,
  Zu Boden sank sein sieggewohntes Heer,
  Und der Erobrer Schaar, ein tosend Meer,
Ergoß sich drüber hin in tollem Jagen.

Der erste Strahl aus schwüler Wetternacht
  Er fiel auf Dich, zerriß Dein blühend Leben,
  Den Stamm der Eiche hat er jäh gespalten.

Wild tobt der Kampf in blut'ger Reiterschlacht —
  Sieg oder Tod! Du hast Dein Wort gegeben,
  Und hast es fürstlich, heldenhaft gehalten!

II.

Ein Denkmal ragt, wo Dich der Tod einst fand,
  Der Schwester Liebe hat es Dir erhoben,
  Von Trauerschatten steht es ernst umwoben,
  Vereinsamt still am stillen Wegesrand.

„Hier fiel er kämpfend für sein Vaterland,"
  So meldet es — die schlichten Worte loben
  Dich herrlicher, als stolze Dichterproben —
  „Der Prinz von Preußen, Louis Ferdinand."

Nun tritt heraus aus Deinem Grabesdunkel,
  Sieh um Dich her: Die Nacht ist längst verschwunden,
  Nicht schmachtet Deutschland mehr in fremden Banden!

Hell strahlt der Kaiserkrone Lichtgefunkel,
  Das neue Reich hat neue Kraft gefunden —
  Aus Deinem Blute ist es mit erstanden!

Bremen, Pfingsten 1890.

Prinz Louis Ferdinand.

Vaterländisches Schauspiel in fünf Akten.

Von

Johannes Jacobi.

Perfonen.

———

Königin Louise von Preußen.
Prinzessin Ferdinand, geb. Prinzessin von Brandenburg-Schwedt.
Prinz Louis Ferdinand
Prinzessin Louise von Radziwill
} ihre Kinder.
Herzogin Dorothea von Kurland.
Feldmarschall von Möllendorf.
General von Schmettan.
General von Rüchel.
Oberst von Phull.
Oberst von Massenbach, General-Quartiermeister-Lieutenant.
Hauptmann von Valentini, von den Jägern
Lieutenant Karl von Nostitz, vom Regiment
    Gensdarmes
} Adjutanten des Prinzen.
Lieutenant von Alvensleben
Lieutenant von Seydlitz
} vom Regiment Gensdarmes.
Ein alter Infanterie-Capitain.
Ein Feldwebel.
Ein Fähnrich.
Kurfürstlich sächsischer Generalmajor Bevilaqua.
Souslieutenant von Egidy, vom sächsischen Infanterie-Regiment
    „Kurfürst."
General Laforest, französischer Gesandter in Berlin.
Graf von Tilly, ein französischer Emigrirter.
Kapellmeister Dussek.
Wiesel.
Pauline Wiesel, geb. César, seine Gattin.
Rahel Lewin.
Erster
Zweiter
Dritter
} Bürger von Berlin.
Ein Invalid.

Der Schulze von Wöhlsdorf.
Seine Frau.
Beider Sohn (14 Jahre alt).
Ein gefangener Franzose (Elsässer).
Ein Unterofficier.
Eine Ordonnanz.
Ein Kammerdiener der Herzogin von Kurland.
Eine Hofdame der Prinzessin von Radziwill.
Ein Jäger des Prinzen.

Preußische und sächsische Officiere, Unterofficiere und Soldaten.
Bürger von Berlin. Ballgäste. Lakaien.

Ort der Handlung: Die ersten drei Akte spielen in Berlin, der vierte auf dem Schlosse zu Rudolstadt, der fünfte in Wöhlsdorf.

Zeit: August bis Oktober 1806.

Die Bezeichnungen rechts und links sind vom Zuschauerraum aus gedacht.

Erster Akt.

Berlin. Das Lustwäldchen beim königlichen Schlosse.
Trommelwirbel vor Aufgang des Vorhangs.

Erste Scene.

Wiesel. Graf Tilly. Bürger verschiedener Stände.
Spaziergänger. Ein Invalid.

Erster Bürger.

Wer fährt denn dort, vor dem die Wache in's Gewehr tritt?

Zweiter Bürger.

Es ist die Königin, sie kommt aus Charlottenburg. Ruft: Hoch! Sie ist nicht französisch gesinnt. Hoch die Königin Louise!

Alle.

(rufen) Hoch! Hoch!

Wiesel (mit Graf Tilly näher tretend, zu diesem).

Lassen Sie uns einmal etwas näher zuhören, cher comte! (laut) So? Wer ist denn französisch an unserem Hofe?

Zweiter Bürger.

O, wißt Ihr das nicht? Alle bis hinauf zum König.

Dritter Bürger.

Nein — nicht Alle! Der Prinz Louis Ferdinand nicht.

Zweiter Bürger.

Nein — der nicht und die Königin nicht.

Wiesel.

Aber der König, sagtet Ihr?

1

Zweiter Bürger.

Nun — der eigentlich auch nicht. Aber Ihr fragt ja, als wärt Ihr eben erst auf die Welt gekommen.

Dritter Bürger.

Der König steckt zu fest in den Banden der franzöfischen Partei, der Minister und Räthe, die es offen und heimlich mit dem Abenteurer Bonaparte halten. Graf Haugwitz hat aus Paris, wie es heißt, eine ganze Post Freundschaftsversicherungen mitgebracht.

Zweiter Bürger.

Geht mir mit dem Grafen Haugwitz — ich mag den Namen gar nicht hören!

Viele.

Wir auch nicht — wir auch nicht!

Dritter Bürger.

Indessen läßt Bonaparte ruhige Bürger füsiliren und gebärdet sich mitten unter dem deutschen Volke wie ein Wütherich, wie ein Despot.

Mehrere Bürger.

Wie? Was meint Ihr? Was ist geschehen?

Dritter Bürger.

Ja, wißt Ihr's denn nicht? Left Ihr keine Zeitungen? Seht doch in die „Spenersche"! Den Buchhändler Palm aus Nürnberg hat Bonaparte erschießen lassen, weil er ein Buch: „Deutschland in seiner tiefen Erniedrigung" herausgegeben hat.

Mehrere Bürger.

Ist's möglich? Hört Ihr's? Steht das in der Zeitung? Erzählt, erzählt!

Dritter Bürger.

Wie ich Euch sage. Palm hätte fliehen können, aber er war sich so sehr seines guten Rechtes bewußt, daß er, aller Warnungen ungeachtet, in Nürnberg blieb. Inmitten seiner Familie durch französische Schergen verhaftet, wurde er nach Braunau geschleppt und dort nach kurzem Proceß, obschon er den Nachweis erbrachte, daß er nicht der Verfasser sei, auf direkten Befehl Bonaparte's aus Paris erschossen.

Viele Bürger.

Erschossen! Bürgermord! Und mit solchen Henkern hält es der Graf Haugwitz!

Dritter Bürger.

Deutschland in seiner tiefen Erniedrigung! Ja, es ist weit mit uns gekommen, daß der Tyrann auf deutschem Boden schalten und walten kann, wie es ihm beliebt! Aber wer soll es ihm wehren? Das Reich besteht nicht mehr; Kaiser Franz hat abgedankt. An seine Stelle ist der Rheinbund getreten und Napoleon nennt sich dessen Protektor. Bayern, Württemberg, Baden, Darmstadt, Nassau laufen hinter ihm her und lecken ihm die Hände, Deutsche kämpfen mit Franzosen gegen ihre deutschen Brüder und werden zu Verräthern an dem eigenen Namen! Pfui der Schande!

Zweiter Bürger.

Ja, pfui der Schande! Und wir sind nahe daran, es ebenso zu machen! Oesterreich und Rußland hat Bonaparte schon gedemüthigt; nun kommt die Reihe an uns, an Preußen, wenn der König fortfährt zu zaudern, anstatt an das Schwert zu schlagen.

Tilly (zu Wiesel, leise).

Hören Sie wohl, Monsieur Wiesel?

Wiesel.

Ich bin ja nicht taub, lieber Graf!

Dritter Bürger.

Da hat es gute Wege! Am Hofe bildet man sich nun einmal ein, Preußen könne allein im Frieden mit den Franzosen leben. Die Haugwitz, Lucchesini, Beyme, Lombard und wie sie Alle heißen, Franzosen und Franzosenfreunde, haben den König in der Gewalt und binden ihm die Hände. Hat uns nicht Napoleon selbst den Grafen Haugwitz wieder als Minister aufgedrängt, weil der ihm zu Willen ist, und er mit Herrn von Hardenberg, der es lieber mit England hält, nichts anfangen konnte?

Zweiter Bürger.

Geht mir mit den Engländern — das sind die besten Brüder auch nicht!

Dritter Bürger.

Mag sein, aber besser als die Franzosen sind sie gewiß.

Zweiter Bürger.

Suchen sie uns nicht überall zu übervortheilen und zu schaden? Helfen werden sie uns auch nicht, wenn wir in der Patsche sitzen.

Erster Bürger.

Gott verdamme die Leute, die dem König so schlechten Rath geben!

Dritter Bürger.

Ein frommer Wunsch, mit dem nicht viel geholfen ist!

Zweiter Bürger.

Er soll den Prinzen Louis Ferdinand an die Spitze der Armee stellen und ihn gegen die Franzosen schicken!

Invalid.

Den Prinzen Louis Ferdinand! Ja wohl — das ist ein Soldat, wie er besser seit dem alten Fritzen in Preußen nicht dagewesen ist. Ich habe die Feldzüge 1792 und 93 in Frankreich und am Rhein mitgemacht und weiß, wie tapfer er ist. Der fürchtet sich vor dem Teufel nicht!

Viele Bürger.

Hört, hört!

Invalid.

Hab' es selber gesehen, wie er bei Mainz einen ver= wundeten österreichischen Soldaten vom Regimente Pelle= grini, einen armen Kerl, der sich nicht mehr aufhelfen konnte, auf seinen Armen aus dem feindlichen Feuer heraus= trug, weil seine eigenen Kameraden sich nicht mehr vor= wagten.

Viele Bürger.

Brav! Das war brav!

Invalid.

Und geschont haben ihn die Kugeln auch nicht. Er
kriegte ebendort einen Schuß in's Bein — aber erst auf
des Königs strenge Ordre ließ er sich aus dem Gefecht
bringen und verbinden.

Erster Bürger.

Ein Hurrah dem Prinzen Louis Ferdinand!

Dritter Bürger.

Still, ruft das nicht zu laut!

Zweiter Bürger.

Warum nicht?

Dritter Bürger.

Der Prinz Louis Ferdinand ist in Ungnade gefallen —

Viele.

Was? In Ungnade?

Dritter Bürger.

Ja, in Ungnade — weil er zum Kriege drängt. Er
heißt bei Hofe: „der Vordermann der Kriegspartei" —
deshalb hat ihn der König nach Magdeburg verbannt.
Nur die Königin hält zu ihm und ist gegen den Grafen
Haugwitz.

Invalid.

Was Ihr sagt? Verbannt hat ihn der König?

Zweiter Bürger.

In Magdeburg steht ja des Prinzen Regiment — er
ist oft dort.

Wiesel.

Macht Euch keine Hoffnungen auf den Prinzen! Den
beschäftigen die Frauenzimmer. Er ist verliebt und hat
keine Zeit, an den Krieg zu denken.

Zweiter Bürger.

Verläumdung! Wißt Ihr das so genau?

Invalid.

Was kümmern uns seine Liebschaften? Dafür ist er
ein Prinz, und Ihr solltet lieber den Schnabel halten,
anstatt Euch in Dinge zu mengen, die Euch nichts angehen.

Zweiter Bürger.

Ihr scheint ihm selber nicht gewogen, Herr! Vielleicht seid Ihr auch ein heimlicher Anhänger des Ministers.

Viele (drohend gegen Wiesel).

Nieder mit den Franzosenfreunden!

Wiesel.

Ich sage nur, was alle Welt weiß.

Tilly.

Nein, nein, lieben Leute! Wir sind gute Patrioten. (Wiesel wegziehend.) Schweigen Sie doch, Sie gießen nur Oel in's Feuer.

Zweiter Bürger.

Der Prinz ist hier — ich hab' ihn selber heute Morgen die Linden entlang reiten sehen. Und wie stolz saß er zu Pferde — als wenn er es allein mit den Franzosen auf= nehmen könnte!

Invalid.

Hurrah, so ist's recht! Dann kommt er gewiß auch hierher zur Parade.

Zweiter Bürger.

So laßt uns ihm gleich hier ein Hoch ausbringen, daß Allen die Ohren klingen und der König es erfährt, mit wem seine Berliner es halten.

Erster Bürger.

Gut — ich bin dabei. Und dem Grafen Haugwitz, dem Napoleonsfreund, der Preußen verräth und den Prinzen anfeindet, vor seinem Hause ein Pereat, damit er es noch sicherer weiß! Von der Jerusalemerstraße bis nach dem Schloß ist's nicht weit, man wird's dort wohl hören.

Viele.

Bravo! Wir sind Alle dabei.

Zweiter Bürger.

Doppelt hält besser — mir ist's recht! Aber die Wache wird bald aufziehen — dort versammeln sich schon die Officiere zur Paroleausgabe. Ich denke, wir gehen ihnen aus dem Wege; mir sind sie keine angenehmen Gesell=

schafter. Sie sehen den Bürger immer nur über die Achsel
an. Insbesondere die vom Regiment Gensdarmes und
von den Gardes du Corps wissen sich vor Uebermuth nicht
zu lassen. Wir wollen den Prinzen dort drüben erwarten.

Erster Bürger.

Gut! Und bei der Katzenmusik bleibt's doch auch?
(zu Wiesel) Wenn's Euch genirt, Herr, braucht Ihr ja nicht
dabei zu sein. Aber das rathe ich Euch, laßt den Prinzen
ungeschoren, oder — (mit drohender Faust) Ihr kennt die
Berliner nicht!

(Alle außer Wiesel und Tilly ab nach rechts).

Zweite Scene.

Wiesel. Graf Tilly.

Tilly.

Nun, Monsieur Wiesel, was sagen Sie jetzt? Das
war gut berlinisch! Beinahe wäre es uns schlimm ergangen,
weil Sie es nicht mit dem Prinzen halten wollten.

Wiesel.

Der süße Pöbel bleibt sich zu allen Zeiten und unter
allen Himmelsstrichen gleich.

Tilly.

Ich denke, es waren recht anständige Leute darunter.
Aber Sie waren unvorsichtig, mon cher — man muß der
öffentlichen Meinung Rechnung tragen.

Wiesel.

Ah — bah! Was soll die Comödie? Mit Katzen-
musiken rettet man den Staat nicht, und der Prinz Louis
Ferdinand, jetzt auf einmal der Abgott der Berliner Straßen-
politiker, wird ihm auch nicht helfen. Er ist ein Schulden-
macher, ein Roué — alle Welt kennt seine tollen Streiche.

Tilly.

Sie lieben den Prinzen nicht — ich weiß es.

Wiesel.

Sie meinen, weil er meiner Frau den Hof macht?
Kinderei! Dafür müßte ich ihm eigentlich dankbar sein.

Tilly.

Wie so dankbar?

Wiesel.

Weil er mich der Mühe überhebt, alle ihre Launen
zu ertragen.

Tilly.

So lassen Sie sich doch von ihr scheiden!

Wiesel.

Um dem Prinzen reine Bahn zu machen? Wollen
Sie sich einen Kuppelpelz verdienen? Ich denke nicht
daran. Aber lassen wir das, Monsieur le Comte, bleiben
wir bei unserem Thema!

Tilly.

Wir sind ja dabei.

Wiesel.

Nicht ganz. Glauben Sie wirklich — das heißt,
würden Sie glauben, wenn Sie ein Preuße wären — daß
der Prinz Louis Ferdinand unser Heiland werden könnte?

Tilly.

Gewiß! Er ist ein tapferer Soldat.

Wiesel.

Mag sein! Seine Freunde behaupten sogar, er sei
eigentlich für den Thron geboren. Meinetwegen auch
das! Aber was hat er denn gethan, das zu so großen
Erwartungen berechtigen könnte? Auch die glänzendsten
Talente sind nichts werth, wo der Charakter fehlt, und
welche Gewähr bietet Ihr Prinz hierin?

Tilly.

Doch sicher mehr, als Ihr Minister, dieses Phänomen
von einem Staatsmann!

Wiesel.

Ich schwöre ebenso wenig auf den Grafen von Haugwitz; er ist beschränkt und von wenig Geist. Preußen fehlt
überhaupt der Mann, der ihm helfen kann. Sie freilich,

Herr Graf, und alle Franzosen von Ihrer Farbe sähen uns lieber heute als morgen an der Grenze, um Ihren legitimen Roy wieder nach Paris zu führen.

Tilly.

Gewiß, Monsieur Wiesel! Und wäre das nicht etwas Verdienstliches?

Wiesel.

Nein! Es wäre eine Dummheit!

Tilly.

Oh — oh!

Wiesel.

Ihr Alle fühlt nicht, wie uns Napoleon schon längst am Kragen hat. Und er wird uns sofort die Kehle zu- schnüren, wenn wir Miene machen, die Hand gegen ihn zu erheben.

Tilly.

Sie übertreiben, mon cher!

Wiesel.

Ich übertreibe nicht. Als Preußen im vorigen Jahre ruhig zusah, wie Oesterreich gedemüthigt wurde, war sein Schicksal schon besiegelt. Wenn wir morgen Napoleon und seiner Armee entgegenrücken, werden wir übermorgen ge- schlagen und zu einem noch schimpflicheren Frieden gezwungen werden, als Oesterreich.

Tilly.

O, o — Sie sind ein Schwarzseher, ein Pessimist!

Wiesel.

Verlassen Sie sich darauf, es wird so kommen! Wir haben keine Ursache, übermüthig zu sein. Vielleicht begreift das der Graf Haugwitz auch und ist nur deshalb gegen den Krieg.

Tilly (heftig).

Nein, nein, nein! Er ist — il est fou! Er bewundert Napoleon und betet ihn an, wie einen Halbgott. Schickt sich das für einen Preußen, einen Angehörigen der Nation des großen Königs?

Wiefel.

Es ift Vieles faul in dem Staate weiland Friedrich's des Großen, und die Prahlereien unferer jungen Lieutenants und Fähnrichs können mich darüber nicht täufchen. Mögen fie immerhin, wie fie es neulich gethan haben, vor dem Hôtel des franzöfifchen Gefandten ihre Degen wetzen, fie werden fie doch nicht fcharf genug machen können, um Bonaparte zu befiegen; felbft wenn die Herren Emigrés — was fie hübfch bleiben laffen werden — ihnen dabei helfen wollten.

Tilly.

Mon dieu, mon cher Monsieur Wiefel — welche fchrecklichen Anfichten!

Wiefel.

Es ift auch gut fo — es muß fo kommen! Was morfch ift, möge zerfallen! Ueber den Rhein her und noch weiter, von jenfeit des Oceans, weht ein anderer Wind — die Luft der Freiheit und der Gleichheit. Die großen Gedanken der Revolution werden auch bei uns erfaßt und verftanden werden. Glauben Sie, daß irgend ein Theil der civilifirten Welt ihrer fich wird entfchlagen können? Washington und Lafayette, Rouffeau und Mirabeau find die Apoftel der neuen Lehre. Sträuben Sie fich, fo viel Sie wollen, Sie werden dagegen nicht aufkommen!

Tilly (will ihn unterbrechen).

Monfieur Wiefel —

Wiefel (ihn abwehrend).

Bonaparte ift der Mann des Schickfals! Laffen Sie ihn feinen Vernichtungszug vollenden und auf den Trümmern der alten eine neue Weltordnung fchaffen! Vielleicht finden wir uns, wenn wir's erleben, dann auch noch in diefer zurecht. Ich feh' es im Geifte kommen, daß auch Sie Ihren Frieden mit ihm machen werden.

Tilly (erregt).

Jamais de ma vie! Niemals! O Monfieur Wiefel, Sie find ein böfer Menfch! Wollen Sie vielleicht auch die Königsmörder Danton, Robespierre, Marat und ihre Helfershelfer unter die Heiligen verfetzen?

Wiefel (lachend).

Kommen Sie, kommen Sie, lieber Graf! Wir wollen uns nicht ereifern! Lassen Sie uns jetzt zusammen früh-stücken — bei Treiber, oder wo Sie sonst wollen. Die Welt-geschichte geht auch ohne uns ihren Gang — kommen Sie!

Tilly.

Nein, nein — Sie haben mich wieder geärgert. Ich bin auch schon engagirt. Um 12 Uhr erwartet mich Ma-dame Bethmann, und um 1 Uhr habe ich Mademoiselle Rahel Levin versprochen, mich nach ihrem Befinden zu erkundigen.

Wiefel.

Immer geschäftig und voller Unruhe!

Tilly.

Um 2 Uhr muß ich in's Opernhaus, um der Probe zu dem neuen Ballet beizuwohnen, um 4 Uhr dinire ich mit Herrn Johannes von Müller bei einem unserer Freunde. Herr von Müller hat uns wichtige Aufschlüsse über die politische Situation versprochen.

Wiefel.

Gut, gut — ich halte Sie nicht auf!

Tilly.

Dort drüben (nach rechts blickend) sehe ich übrigens einige bekannte Officiere — vraiment, auch Monsieur de Nostitz ist dabei. Ich muß mich bei ihm nach dem Prinzen erkundigen. Excusez!

Wiefel.

Gehen Sie nur — Sie finden bei jenen Herren ver-muthlich mehr Verständniß für Ihre kriegerischen Pläne gegen Bonaparte, als bei mir.

Tilly.

Ganz gewiß! Also — au plaisir de vous revoir, Monsieur Wiefel!

Wiefel.

Auf Wiedersehen, Monsieur le Comte! Es wird sich ja zeigen, wer Recht behält, Sie oder ich (geht nach links ab).

Dritte Scene.

Graf Tilly. Hauptmann von Valentini. Lieutenants von Alvensleben, von Seydlitz, ein Fähnrich, ein alter Capitain und ein Feldwebel, Unterofficiere, Ordonnanzen treten nach einander von rechts auf. Später Oberst von Phull und Oberst von Massenbach.

Tilly (zu einer Gruppe jüngerer Officiere tretend).

Lebhafte Stimmung im Publikum! Habe eben eine überraschende Scene erlebt. Brave Leute, die Berliner! Verlangen nach dem Kriege.

von Seydlitz.

Brandenburger Art! Sollen ihn haben.

von Alvensleben.

War das nicht Herr Wiesel, der soeben von Ihnen wegging, der Sonderling, dem seine schöne Frau so viel Kummer bereitet?

Tilly.

Ein großer Sonderling, gewiß — schwärmt für Bonaparte! Seine Frau will nichts mehr von ihm wissen; man sagt, daß er sie arg vernachlässigt habe.

von Seydlitz.

Geschieht ihm recht, wenn sie anderwärts Zerstreuung sucht.

von Alvensleben.

Der Prinz Louis Ferdinand hat sich ihrer angenommen — sie soll mit dem Tausche nicht unzufrieden sein.

von Seydlitz.

Glaub's wohl, der Prinz ist bei allen Damen der Bevorzugte.

Tilly.

Madame Wiesel ist eine beauté ersten Ranges und voller Leidenschaft, aber auch voller Launen; sie berauscht, hat den Prinzen ganz für sich gewonnen, ich glaube aber nicht, daß sie ihn dauernd wird fesseln können.

von Seydlitz.

Um so besser! Steht Mesaillance nicht zu befürchten.

Tilly.

O, ihr Gatte würde sie auch nicht freigeben! Monsieur Wiesel ist sehr eifersüchtig, wenn er sich auch den Anschein giebt, es nicht zu sein.

von Alvensleben.

Der Prinz wird doch nicht an eine Heirath mit Madame Wiesel gedacht haben?

Tilly.

Man sprach allerdings davon — sie selber hat es sich vielleicht sogar eingebildet, sie ist sehr ehrgeizig. Aber enfin — sie ist nicht die ideale Persönlichkeit, die den Prinzen seine Stellung vergessen machen könnte. In den engeren Cirkeln, in denen ich verkehre und die auch Se. Königliche Hoheit zuweilen mit seiner Gegenwart beehrt —

von Alvensleben.

Bei Mademoiselle Levin zum Beispiel —

Tilly.

Auch dort, ganz recht — will man wissen, daß das Verhältniß keinen langen Bestand haben werde.

von Alvensleben.

Soldatenliebe! Wie kann man alltäglichen Galanterien eine so große Bedeutung beimessen! — Doch still, da kommt der Mustercapitain!

Ein alter Capitain (mit dem Feldwebel auftretend).

Der vorletzte Mann im zweiten Gliede der heutigen Wachmannschaft hatte den Zopf nicht vorschriftsmäßig gebunden, Feldwebel. Es ist das mit der Ehre der preußischen Armee und Sr. Majestät des Königs nicht vereinbar! Er bekommt drei Tage Latten und der Unterofficier, zu dessen Corporalschaft der Kerl gehört, thut eine Strafwache.

Feldwebel (es notirend).

Zu Befehl, Herr Hauptmann!

Alter Capitain.

Ueberhaupt vermiſſe ich in meiner Compagnie ſeit einiger Zeit die erforderliche Propreté. Der Soldat muß wie ein Frauenzimmer ſein, das alle Tage nach dem Freier ausſchaut. Putzen, putzen, putzen — das ſind die drei Worte, die auf jeder Seite in ſeinem Kalender ſtehen. Ein ſchlechter Musketier, der dies vergißt, wird auch im Kriege nichts leiſten. Merk' Er ſich das, Feldwebel, und bläue Er's den Kerls immer wieder ein!

Feldwebel.

Zu Befehl, Herr Hauptmann!

Alter Capitain.

Dann die Gewehrtheile beſſer lockern, damit es ordent= lich klirrt bei den Griffen! Zum Schießen kommen wir damit allemal noch zurecht, wenn's ſo weit iſt.

Feldwebel.

Zu Befehl, Herr Hauptmann!

Alter Capitain.

Es iſt gut jetzt — Er kann gehen!

Feldwebel (ab nach links).

Tilly
(hat ſich inzwiſchen von den Officieren, mit denen er ſich unter=
halten, verabſchiedet, im Abgehen für ſich).

Ich muß doch zuſehen, ob die Leute Wort halten und dem Prinzen hier ein Hoch ausbringen (ab nach rechts).

Alter Capitain (zu den anderen Officieren tretend).

Was giebt's Neues, meine Herren?

von Alvensleben.

Allerlei, Herr Capitain! Die Luft ſchwirrt von Ge= rüchten. Bonaparte ſoll rüſten gegen uns. Man ſagt, er ſtehe ſchon mit zwei Armeecorps am Rhein.

Alter Capitain.

Franzöſiſcher Wind! Er wird ſich hüten, Preußen an= zugreifen. Soll nur kommen, wenn er ſich den Kopf

blutig rennen will mit seinen Sansculotten und Löffelgarden,
Kerls ohne Disciplin und Subordination — sogar die
Zöpfe sollen sie sich abgeschnitten haben. Ich sage Ihnen,
meine Herren, wir brauchen diese wilden Haufen des neuen
Attila nicht zu fürchten; mit meiner Compagnie allein will
ich ein ganzes Regiment in die Flucht schlagen.

Jüngere Officiere.

Bravo, bravo!

Ein Fähnrich.

Einige preußische Bataillons werden ausreichen, die
Herren Franzosen nach dem Rhein zurückzujagen.

von Valentini.

Meinen Sie, Junker? Nun, Sie haben ja wohl die
Erfahrungen! (Zu den anderen Officieren) Nur nicht zu hoch
hinaus, meine Herren! Hochmuth kommt vor dem Falle!
Ich denke, wir werden Alle unsere verdammte Pflicht und
Schuldigkeit thun müssen, wenn es den Herren Franzosen
gefällt, uns anzugreifen. (Sprechen leise mit einander weiter.)

von Phull (zu einer Gruppe älterer Officiere).

Und ich wiederhole Ihnen, meine Herren, es wäre
das einzig Richtige, wenn wir eine Deputation an Se.
Majestät den König abordneten, und ihm in aller Ehrfurcht
den Wunsch der Armee vortrügen. Graf Haugwitz muß fort
von seinem Platze, dem er nicht gewachsen ist!

von Massenbach.

Gänzlich unmilitärisch, Herr Oberst von Phull! Die
Armee soll keine Politik treiben.

von Phull.

Das thut sie auch nicht, Herr Oberst von Massenbach. Aber soll sie denn Gewehr beim Fuß und Hahn in
Ruh unthätig zusehen, wie die Gefahr immer näher an
uns heranrückt und der corsische Eroberer sich anschickt,
uns bei Nacht hinterrücks zu überfallen? Wenn die Räthe
des Königs blind sind, muß der Soldat für sie die Augen
offen haben. Toujours en vedette — meine Herren! Das
ist mein Wahlspruch heute und alle Tage.

von Maſſenbach.

Gegen dieſen Wahlſpruch habe ich nichts einzuwenden. Aber ich ſehe die Gefahr nicht, von der Sie reden.

von Phull.

Denken Sie an die Taktik des großen Königs, meine Herren! Ein Hundsfott, wer ſich angreifen läßt! Selber angreifen, darin liegt das Geheimniß des militäriſchen Erfolges.

von Maſſenbach.

Sehr richtig! Das iſt auch heute noch unſer Grund-ſatz. Aber noch hat Napoleon keine Miene gemacht, uns anzugreifen. Warum ihn herausfordern, während er viel-leicht ſogar unſere Waffengenoſſenſchaft ſucht?

von Phull (beſtimmt).

Das iſt ein Gedanke, in dem ich Ihnen nicht folgen kann, Herr Oberſt von Maſſenbach! Und ich glaube, er wird auch ſonſt in der preußiſchen Armee keinen Anklang finden.

Mehrere Officiere.

Nein! Nein!

von Phull.

Wie wär's alſo, meine Herren, wenn wir den Prinzen Louis Ferdinand zum Sprecher wählten und ihn bäten, unſere unterthänigſte Supplik bei Sr. Majeſtät dem Könige vorzubringen?

von Maſſenbach.

Wollen Sie es dem Prinzen vortragen, Herr Oberſt von Phull, ſo kann ich nichts dagegen haben. Aber ver-ſprechen Sie ſich keinen Erfolg! Ich ſelber betheilige mich nicht, rathe Ihnen ſogar ab. Se. Majeſtät, das glaube ich Ihnen verbürgen zu können, denkt anders über die Kriegsfrage und wird ſich in ſeiner Meinung nicht beirren laſſen.

(Sprechen leiſe unter einander weiter).

———

Vierte Scene.

Vorige. Lieutenant von Nostitz.

von Alvensleben.

Holla, da kommt der lange Nostitz! Dann ist der Prinz auch nicht mehr fern.

von Seydlitz.

(Nostitz entgegen). Kommt Se. Königliche Hoheit zur Parade?

von Nostitz.

Gewiß! Der Prinz wird gleich hier sein; ich habe Ordre, ihn hier zu erwarten.

von Alvensleben.

Was habt Ihr so lange in Magdeburg gemacht?

von Nostitz.

Allerlei Schönes, mein Liebling! Exercirt, inspicirt, musicirt, gejagt, auch den Damen Artigkeiten gesagt.

von Alvensleben.

Das Letztere ist ja so recht nach Deinem Geschmack.

von Nostitz.

Kann ich aber hier in Berlin auch haben.

von Seydlitz.

Der Prinz soll sehr ernst geworden sein — ist das wahr?

von Nostitz.

Allerdings — es drückt ihn mancherlei.

von Seydlitz.

Aha, richtig — man sagt —

von Nostitz.

Pst! Keine Indiscretionen!

von Alvensleben.

Nun, was sagt man denn? Daß er Schulden hat, die Weiber liebt — — dafür ist er Prinz! Wir thun ja dasselbe.

von Nostitz.

Alles Unsinn! Das ist vorbei — er lebt wie ein Einsiedler, hat der Liebe gänzlich entsagt.

von Seydlitz.

Ah!

von Nostitz.

Den Prinzen bekümmern ganz andere Dinge.

von Alvensleben.

Nun?

von Nostitz.

Es liegt in der Luft.

von Seydlitz.

In der Luft! Ich verstehe — der Krieg, die Franzosen!

von Nostitz.

Du bist ein Schlaukopf, Freund Seydlitz!

von Alvensleben.

Du kommst doch heute Abend in den Club? Wir müssen Deine Rückkehr würdig feiern.

von Seydlitz.

Hoffe, daß Dich der Prinz mit seiner Verstimmung und seinem Weiberhaß nicht angesteckt hat.

von Valentini.

Dort kommt Se. Königliche Hoheit mit der alten Excellenz von Möllendorf und den Generalen von Rüchel und von Schmettau.

(Alle gehen dem Prinzen entgegen.)

Fünfte Scene.

Vorige. Prinz Louis Ferdinand. Feldmarschall von Möllendorf. Generale von Schmettau und von Rüchel
(von rechts auftretend).

Prinz Louis Ferdinand (zu Möllendorf).

Ich danke Ihnen, Excellenz! Es freut mich, daß ich die alten Generale des großen Königs noch immer so frisch und jugendlich sehe.

von Möllendorf (hustet).

von Alvensleben (zu den jüngeren Officieren).
Ein leiser Stich! (den Feldmarschall parodirend.) Das ist
vor mir zu hoch, Königliche Hoheit!

Prinz Louis Ferdinand.
Ich grüße Sie, meine Herren! (Zu den älteren Officieren
gewendet.) Ist ein Unglück geschehen, daß Sie mit so ernsten
Mienen beisammen stehen? Sie conspiriren doch nicht, Oberst
von Phull?

von Phull.
Es ist beinahe so, Königliche Hoheit! Wir conspiriren
gegen die Räthe Sr. Majestät des Königs, die uns zur
Unthätigkeit verdammen, während die Armee sich darnach
sehnt, die übermüthigen Franzosen preußisches Eisen kosten
zu lassen.

von Möllendorf (hustet).

Prinz Louis Ferdinand.
Das lassen Sie den Grafen Haugwitz nicht hören.
Der schielt jetzt eben wieder nach Paris und glaubt,
Napoleon sicher in seiner Tasche zu haben.

von Phull.
Ich fürchte, Bonaparte hat ihn und uns dazu —
Pardon, Königliche Hoheit — wenn wir noch lange zaudern.

von Schmettau.
Der Graf von Haugwitz hat kein preußisches Herz.
Er ist ein Diplomat der Furcht!

von Möllendorf (hustet).
Ich halte nichts von die Diplomaten und Demokraten.

von Rüchel.
Ohne Sorgen, meine Herren! Generale wie der Herr
von Bonaparte einer ist, hat die Armee Sr. Majestät
mehrere aufzuweisen.

Alter Capitain.
Gewiß, gewiß — auf Ehre!

Prinz Louis Ferdinand (bedeutungsvoll).
Die Zeiten sind ernst, General von Rüchel — lassen
Sie uns das keinen Augenblick vergessen! Ueberhebung steht

2*

uns übel an. Daß unsere militärischen Talente an das des Soldatenkaisers hinanreichen, werden wir erst beweisen müssen. Wir stehen einer revolutionären Macht gegen= über, die nicht mit gewöhnlichen Mitteln bekämpft werden kann. Oesterreich und Rußland liegen am Boden, das Deutsche Reich ist zerfallen. Es kann nicht ausbleiben, daß Napoleon auch an uns, an Preußen, die Kraftprobe machen wird. Wir wollen uns darum mit Ehren betragen, der Erfolg ist nicht leicht; dann muß Alles daran und Einer für den Andern stehen!

von Möllendorf.

Bei dem Alten Fritzen hieß es immer nur blank ziehen und dreinhauen, wenn es so weit war.

von Massenbach.

Es liegt aber nichts vor, das zu entscheidenden Schritten drängen könnte.

Prinz Louis Ferdinand.

Genug, um auch die äußerste Langmuth zu erschöpfen, Oberst von Massenbach! (Zu den übrigen Officieren gewendet.) Bernadotte's Neutralitätsbruch in Anspach ist weit über= holt. Jetzt hat der Großherzog von Berg, Murat, Napo= leon's Schwager, auch die Abteien Elten, Essen und Werden in Besitz genommen, und Frankreich zieht — mitten im Frieden und gegen alle verbriefte Verabredung — Wesel in seine Gewalt.

von Schmettau.

Unerhört, wenn das verbürgt wäre!

Prinz Louis Ferdinand.

Es ist verbürgt! General Blücher hat es selbst aus Münster durch einen eilenden Boten gemeldet.

Alter Capitain.

Und wir stehen noch nicht an der Grenze? Potz Bomben und Granaten — die Spitzbuben sollen sich, scheint's, eines langen Lebens freuen!

von Möllendorf (hustet).

Eile mit Weile!

von Massenbach.

Es muß Alles wohl bedacht werden.

Prinz Louis Ferdinand.

Aber nichts versäumt! Der Generalquartiermeisterstab, Oberst von Massenbach, dem Sie angehören, rechnet hoffentlich damit, daß sich die Armeen heute nicht mehr mit der Langsamkeit beladener Frachtwagen auf der Land- straße bewegen. Die Franzosen mit ihren Voltigeurs könnten uns sonst über Nacht auf den Hals kommen.

von Massenbach.

Wir brauchen sie nicht zu fürchten, gnädiger Herr.

von Phull.

Es kurz zu machen, Königliche Hoheit — wir wollen eine Deputation an Se. Majestät mit der unterthänigen Bitte abordnen, den Grafen von Haugwitz zu entlassen und loszuschlagen gegen die Franzosen. Ew. Königliche Hoheit — wir bitten darum — soll unser Sprecher sein.

Prinz Louis Ferdinand.

Brav, Oberst von Phull! Geben Sie mir die Hand! Es freut mich, daß dieser Geist aus dem Officierscorps spricht — ich kenne ihn ja, er ist mir nicht neu.

von Möllendorf (hustet).

Prinz Louis Ferdinand.

Aber einen solchen Schritt widerrathe ich Ihnen auf das Bestimmteste.

von Phull (betroffen).

Königliche Hoheit!

von Massenbach (zu den übrigen Officieren).

Sie hören es, meine Herren!

Prinz Louis Ferdinand.

Ich selber wenigstens muß es ablehnen, Sie dabei zu unterstützen. Sie könnten sich auch keinen ungeeigneteren Sprecher auswählen, als mich. Die Kampflust der Armee ist Sr. Majestät bekannt — aber in Ihrem Namen den Rücktritt des Grafen Haugwitz zu fordern, dazu kann ich mich nicht entschließen, schon um deswillen nicht, weil der Graf mein persönlicher Gegner ist.

von Schmettau.

Man muß seinen Einfluß unter allen Umständen zu brechen suchen.

Prinz Louis Ferdinand.

Glauben Sie, lieber Schmettau, daß mir das gelingen würde? Wissen Sie nicht, daß der Graf das volle Vertrauen des Königs besitzt, während ich vor Sr. Majestät nicht mehr gelte, als jeder andere Officier der Armee? Ich habe es oft genug bitter empfinden müssen, bis auf den heutigen Tag; wir sind Alle ohnmächtig — Alle!

von Schmettau.

Auch die Königin?

Prinz Louis Ferdinand.

Auch sie, besorge ich. Sie ist gegen den Grafen Haugwitz und seine Politik; aber Se. Majestät hat den Vorstellungen seiner Gemahlin bis jetzt noch immer das Ohr verschlossen.

von Schmettau.

Dann schütze Gott unser armes Vaterland! Es wird uns zuletzt nichts übrig bleiben, als der Kampf der Verzweiflung.

Prinz Louis Ferdinand.

Wem sagen Sie das, alter Kamerad? Der Prinz Louis Ferdinand sieht so gut und so scharf wie Sie, er sieht auch die Katastrophe vernichtend heranrücken, die uns bedroht. Die Verantwortung fällt nicht uns zu! Dem Soldaten geziemt es, zu schweigen und zu gehorchen. Sorgen wir dafür, daß wir selber jeden Augenblick vorbereitet sind, dem Rufe Sr. Majestät zu folgen, wenn er an uns ergeht.

von Schmettau.

Ich bin es immer, Königliche Hoheit!

Prinz Louis Ferdinand.

Und ich auch, General von Schmettau! Damit thun wir nur unsere Schuldigkeit. Dem Tage des Kampfes und des Sieges sehe ich freudig sehnend entgegen; den Tag der Schmach und der Niederlage werde ich nicht überleben.

von Schmettau.

Wir hoffen Alle, daß ein solcher nicht kommen werde.

Prinz Louis Ferdinand.

Dann wäre es ganz vorbei mit Deutschland, wie es jetzt schon halb mit ihm zu Ende ist. Auf Preußen steht die letzte Hoffnung jedes patriotischen Herzens. — Aber lassen Sie uns jetzt die Sorgen vergessen! Hauptmann von Valentini — gehen Sie hinüber — ich lasse, wenn die Wache aufzieht, um den Hohenfriedberger Marsch bitten.

(Er spricht leise mit Schmettau weiter.)

von Valentini (geht nach rechts ab).

von Alvensleben (zu den jüngeren Officieren).

Verdammt! Der Prinz scheint allerdings sehr ernst geworden zu sein; hat nicht ein einziges Mal zu uns herübergesehen.

von Seydlitz.

Sprach sogar von Schmach und Niederlage. Gleichviel! Ein schneidiger Herr ist er doch — auf Ehre! Wenn er uns gegen die Franzosen führt, sollen sie das Laufen wohl lernen. (Lärmen rechts hinter der Scene.)

Prinz Louis Ferdinand.

Was bedeutet der Lärm dort auf der Straße? Eine große Menschenmenge hat sich angesammelt — die Leute drängen hier herüber, wie es scheint.

von Massenbach.

Ein Auflauf in aller Form, so wahr ich lebe!

von Valentini (kommt zurück, meldend).

Es ist eine Ovation, die man dem Prinzen Louis Ferdinand zugedacht hat. Das Publikum hat erfahren, daß Ew. Königliche Hoheit auf der Parade sind und bringt Ihnen seine Huldigung dar.

(Man hört Rufe: Nieder mit den Franzosen! Nieder mit Haugwitz! Hoch Prinz Louis Ferdinand!)

von Massenbach.

Ist das Volk verrückt? Das ist Rebellion!

Prinz Louis Ferdinand.

Beruhigen Sie sich, Oberst von Massenbach — das Vaterland läuft dabei keine Gefahr!

von Schmettau.

Ew. Königliche Hoheit hören es; auch die Bürger Berlin's jubeln Ihnen zu und erwarten von Ihnen Hülfe und Rettung.

Prinz Louis Ferdinand.

Der Ruf wird den Herrn Minister verstimmen, wenn man ihn in seinem Palais hören sollte. Aber es ist gefährlich, meinen Namen zu nennen. (Zu Valentini.) Bedeuten Sie die Leute, daß sie schweigen sollen!

von Valentini (ab nach rechts).

Prinz Louis Ferdinand.

Und Sie, meine Herren (zu den übrigen Officieren gewendet) — wir müssen das Lied auf eine andre Tonart bringen. Stimmen Sie ein mit mir in den Ruf: Hoch Se. Majestät der König!

Die Officiere.

Hoch Se. Majestät der König! Hoch, hoch!

(Die Musik fällt mit dem Hohenfriedberger Marsch ein. Ein Fahnenzug marschirt über die Bühne; das Publikum drängt ihm nach, Graf Tilly an der Spitze.)

(Der Vorhang fällt.)

Ende des ersten Aktes.

Zweiter Akt.

Zimmer im Palais des Prinzen Louis Ferdinand. Eingang durch die Mitte. Rechts vorn ein großer Schreibtisch; links ein offenes Piano. Elegantes Meublement im Geschmack der Zeit. In der Mitte ein Tisch mit Karten und Büchern, dazwischen ein großer Blumenstrauß.

Erste Scene.

Prinz Louis Ferdinand. von Nostitz.

Prinz Louis Ferdinand (sitzt an dem Schreibtisch, in die Papiere sehend, die ihm Nostitz überreicht hat).
Liegt sonst nichts vor? Keine neue Meldung aus Münster von Blücher?

von Nostitz.

Nein, Königliche Hoheit!

Prinz Louis Ferdinand.

Die Sachen stehen übel für uns! Fox in England ist ein Bewunderer Napoleon's, Oesterreich und Rußland sind durch unsere vorjährige Haltung und durch den Vertrag von Schönbrunn, das Meisterstück des Herrn von Haugwitz, das uns überall verächtlich gemacht hat, tödtlich verletzt. Wir haben keinen Freund in ganz Europa! Die Herausforderungen Frankreich's gegen Preußen mehren sich von Tag zu Tag und wir nehmen sie hin, als ob es lauter Galanterien wären. A propos! Man hat ja dem Herrn Minister, wie ich höre, gestern Abend die Fenster eingeworfen. Wie ist das gekommen? Wissen Sie davon?

von Nostitz (leichthin).

Nur wenig. — Befehlen Ew. Königliche Hoheit vielleicht, daß man sich eingehender danach erkundigt?

Prinz Louis Ferdinand.

Nein, nein — ich werde noch genug davon hören. Diese Demonstration war eine Thorheit, und der König wird in ihr nur Trotz erkennen, dem er sich nicht beugen darf. (Er steht auf.) Gehen Sie jetzt und erledigen Sie die dienstlichen Eingänge; später reiten wir aus. Es ist mir ein englischer Viererzug angeboten worden, wir wollen ihn ansehen; kaufen kann ich ihn freilich nicht — er ist mir zu theuer. Wir müssen sparen lernen, Nostitz — Sie auch; wer weiß, was noch über uns kommt.

von Nostitz.

Zu Befehl, Königliche Hoheit! Ich spare bereits.

Prinz Louis Ferdinand (lachend).

Ja, ja, ich kann es mir denken. Das ist die Haupt-tugend der Herren von den Gensdarmes. (An dem Tische in der Mitte stehen bleibend.) Von wem sind diese Blumen?

von Nostitz.

Ihre Königliche Hoheit, die Frau Prinzessin von Radziwill hat sie heute Morgen hierher gesandt.

Prinz Louis Ferdinand.

Ein Liebesgruß von meiner Schwester! Sie denkt immer an mich. Lassen Sie auch im Radziwill'schen Palais anfragen, zu welcher Stunde ich der Prinzessin genehm komme. Ich erwarte neue Nachrichten durch sie von Ihrer Majestät der Königin. Wir müssen Alles aufbieten, die Dinge vorwärts zu treiben. (von Nostitz geht ab).

Zweite Scene.

Prinz Louis Ferdinand. Dann Dussek. Zuletzt von Nostitz und ein Jäger.

Prinz Louis Ferdinand (allein).

Graf Haugwitz wird es sich nicht entgehen lassen, die gestrigen Vorgänge gegen mich auszunützen. Die Gelegen-heit ist aber auch zu verlockend für ihn, um den König auf's Neue darin zu bestärken, daß ich nur aus persön-lichem Ehrgeiz das Feuer schüre und zum Kriege zu treiben suche. Er wird auch der Königin ihr Werk erschweren.

Dussek (unter der Thür).

Komm' ich auch recht, Königliche Hoheit?

Prinz Louis Ferdinand.

Sieh da, lieber Dussek, mein musikalischer aide-de-
camp! Treten Sie nur näher!

Dussek.

Ich bringe hier das Quintett, sauber abgeschrieben,
die Noten wie gestochen. Wir können es jeden Augenblick
auflegen, wenn Ew. Königliche Hoheit befehlen.

Prinz Louis Ferdinand (nimmt das Heft).

Lassen Sie sehen! Gefällt es Ihnen?

Dussek.

Brillant! Das Thema ist exquisit, die Durchführung
vollendet. (Er trällert eine Passage daraus.) Ew. Königliche
Hoheit sind ein Maestro göttlichen Ranges, ein Genie!
Schade, daß Sie ein Prinz sind; Sie würden als Künstler
Ihr Glück machen.

Prinz Louis Ferdinand (lachend).

Ja, das sage ich auch wohl — das Erste wenigstens:
Schade, daß ich ein Prinz bin! Ich muß es oft genug
beklagen. Dann giebt mir nur die Kunst, die Musik, den
Gleichmuth wieder, und wenn ich am Clavier sitze, schwinden
mir alle thörichten Gedanken und Wünsche.

Dussek.

Das ist die Macht der Göttin, die in der Harmonie
der Töne, in Rhythmus und Melodie, in Sang und Klang
sich verkörpert und lebendig vor uns hintritt. Halten Ew.
Königliche Hoheit nur immer treu zu ihr; in ihrem Reiche
wohnen nur erhabene Freuden und göttliche Genüsse.

Prinz Louis Ferdinand.

Recht, recht, lieber Dussek! Wir wollen sehen, daß
wir ihre Gunst nicht verscherzen. Dort liegen einige Noten-
blätter. Mein Schwager Radziwill hat sie mir gegeben;
es ist eine Musik, die er zu Goethe's Faust geschrieben hat.
Ich habe sie gestern Abend noch gespielt, als ich nach
Hause kam; sehen Sie zu, wie sie Ihnen gefällt.

Duſſek (nimmt die Blätter vom Piano).

Se. Durchlaucht der Prinz Radziwill iſt ein bedeu=
tendes Talent; aber Ew. Königliche Hoheit überragen
ihn doch um eines Hauptes Länge.

Prinz Louis Ferdinand (abwehrend).

Keine Schmeicheleien, Sie wiſſen, daß ich ſie nicht
liebe! Aber, da fällt mir ein — geſtern war ein armer
Muſiker hier, gut empfohlen, Familienvater. Der Mann
möchte ein Concert geben und erbat ſich meine Unter=
ſtützung. Ich habe jetzt keinen Sinn dafür, auch ſcheint
mir die Zeit ſchlecht gewählt. (Geht zu ſeinem Schreibtiſch.)
Hier iſt ſeine Adreſſe. Sehen Sie, was Sie für ihn thun
können, und geben Sie dem Manne von mir dieſe kleine
Summe.

Duſſek (nimmt das Geld).

Zehn Friedrich'sdor! Gott lohne es Ew. Königlichen
Hoheit! Wie Vielen haben Sie ſchon geholfen! Sie haben
immer ein warmes Herz und eine offene Hand.

Prinz Louis Ferdinand.

Schon gut, ſchon gut, mein Freund! Heut Nachmittag
wollen wir muſiciren, wenn es Ihnen recht iſt.

Duſſek.

Immer zu Ew. Königlichen Hoheit Befehlen!

Ein Jäger (tritt ein und überreicht dem Prinzen auf einem
ſilbernen Teller eine Karte).

von Noſtitz (der zugleich mit eingetreten iſt).

Graf Tilly, gnädigſter Herr, läßt um die Ehre des
Empfangs bitten.

Prinz Louis Ferdinand.

Graf Tilly, der Unvermeidliche! Bleiben Sie, Noſtitz,
Duſſek, ich bitte, um ihn mitzunehmen, wenn ich ihn wieder
los ſein will. Ich bin dieſer Herren Emigrés herzlich ſatt.
Sie ſind leidlich gute Geſellſchafter, um ſich mit ihnen zu
unterhalten; man füttert ſie, wie die Singvögel — aber
ſie ſind ſchlechte Politiker und keine Soldaten. Was ſoll
man jetzt mit ihnen? (Zu dem Jäger.) Laß den Herrn ein=
treten! (Jäger ab.) Wir wollen wenigſtens hören, was er
etwa an Neuigkeiten bringt. Gewiß weiß er über die
Nachtmuſik bei dem Grafen Haugwitz etwas zu berichten.

Dritte Scene.

Vorige. Graf Tilly.

Tilly.

Ah, Monseigneur! Ich bin glücklich, Ihnen einen guten Morgen wünschen zu können. Die Residenz liegt zu Ew. Königlichen Hoheit Füßen — gestatten Sie mir, auch meine Huldigungen Ihnen darzubringen.

Prinz Louis Ferdinand.

Womit kann ich Ihnen dienen, lieber Graf? Sie kommen gewiß, mich zu schelten, daß ich mich so lange nicht im Kreise unserer Freunde habe sehen lassen. Aber ich bin, wie Sie wissen werden, erst seit zwei Tagen wieder in Berlin.

Tilly.

Gewiß, gnädiger Herr, man hat Sie lange vermißt, und die schönen Augen unserer Damen haben nicht weniger verlangend nach Ew. Königlichen Hoheit ausgeschaut, wie Ihre aufrichtigen Verehrer und ergebenen Diener Sie herbeisehnten.

Prinz Louis Ferdinand.

Sehr verbunden, lieber Graf! Nun bin ich wieder hier und Sie können Allen meine Rückkunft melden.

Tilly.

Wir waren gestern Abend bei Mademoiselle Levin, und hofften auf Ihr Erscheinen, mein Prinz! Rahel sah fort-während nach der Thür — sie ahne, sagte sie, daß Sie kommen würden. Madame Herz, Monsieur de Müller und alle Damen und Herren unseres engeren Kreises waren anwesend.

Prinz Louis Ferdinand.

Ich war nicht in der Stimmung, gesellschaftliche Artig-keiten auszutauschen. Die Zeit der Feste ist überhaupt für uns vorbei, lieber Graf; Sie mögen solche noch feiern, aber ich — ich muß an ernstere Dinge denken.

Tilly.

Es wurde auch vom Kriege gesprochen. Die Damen begeisterten sich für denselben; sie erwarten, Ew. Königliche Hoheit bald an der Spitze der Armee zu sehen.

Prinz Louis Ferdinand.

Sagen Sie den Damen in meinem Namen, daß ihre Begeisterung verfrüht ist.

Tilly (eifrig).

O, gnädigster Herr, die Chancen mehren sich! Monsieur de Müller wußte aus sicherster Quelle, daß wichtige Depeschen aus Paris von dem preußischen Gesandten, Marquis von Lucchesini, angelangt sind, die Bonaparte's neueste Pläne gegen Preußen enthüllen. Selbst Graf Haugwitz soll davon ganz bestürzt gewesen sein.

Prinz Louis Ferdinand.

Wirklich? Und welches wären diese neuesten Pläne, die sogar Herrn von Haugwitz außer Fassung bringen?

Tilly.

So wissen Ew. Königliche Hoheit nichts davon? Monsieur de Müller machte uns nur ganz discrete Andeutungen. Es handle sich um einen geheimen Vertrag. Ein Courier sei am Nachmittag eingetroffen und von dem Herrn Minister direkt zu Sr. Majestät den König geführt worden.

Prinz Louis Ferdinand.

Da hat man Herrn von Müller, wie es scheint, etwas aufgebunden. Lucchesini und geheime Verträge entdecken! So scharf sieht der Herr Marquis nicht. Und wenn auch — ihm, oder vielmehr seiner Frau, gefällt es viel zu sehr in Paris, als daß sie sich mit Napoleon brouilliren könnten. Von dieser Seite sind wir sicher, nichts zu erfahren.

Tilly.

O Monseigneur, Sie sind grausam! Wie kann man etwas anderes thun, als ihn hassen, diesen Aventurier, der sich jetzt Kaiser der Franzosen nennen läßt! O ma pauvre patrie!

Prinz Louis Ferdinand.

Lieber Graf, es gab eine Zeit, wo ich ihn selber bewunderte —

Tilly.

Impossible!

— 31 —

Prinz Louis Ferdinand.

— bis er den Herzog von Enghien ermorden ließ.
Seitdem erscheint mir sein Charakter grausam und ehrlos.

Tilly.

Vraiment, Monseigneur!

Prinz Louis Ferdinand.

Aber er ist doch auch ein Mann von Genie und That-
kraft — rücksichtslos dabei, was ihm jeden Erfolg zu verbürgen scheint. Wenn er einmal ein Gericht Prinzenohren
zu essen verlangt, so fürchte ich, sind die meinen nicht mehr
sicher.

Tilly.

Vous plaisantez, Monseigneur! Sie scherzen, gnädigster Herr!

Prinz Louis Ferdinand.

Keineswegs.

Tilly.

Der Appetit wird ihm vergehen, wenn er Preußen
gerüstet sieht.

Prinz Louis Ferdinand.

Da hat es gute Wege!

Tilly (lebhaft).

O — die Nation, das Volk von Berlin, die Officiere,
die Armee wollen den Krieg. Sie wissen es selbst, gnädigster
Herr! Die Residenz ist in Aufregung. Gestern Abend hat
man dem Grafen Haugwitz die Fenster eingeworfen und
ein Hoch auf Monsieur de Hardenberg ausgebracht.

Prinz Louis Ferdinand.

Ich weiß es — man wird dadurch nichts ändern.
Wer waren die Hitzköpfe?

Tilly.

Gute Bürger, wie es scheint. Es sollen auch Officiere
dabei gewesen sein, insbesondere von den Gardes du Corps
und den Gensdarmes. (Mit einer höflichen Wendung gegen Nostiz).

Prinz Louis Ferdinand (lachend).

Hören Sie, Nostiz?

von **Nostitz** (verlegen).

Das ist ein Irrthum! Wir haben nur aus der Ferne uns den Tumult mit angesehen.

Tilly (lebhaft).

Ich kam gerade dazu, als die Menge schreiend und pfeifend rief: Weg mit Haugwitz! Es lebe Graf Hardenberg!

Prinz Louis Ferdinand (heiter).

Sie auch, Herr Graf? Es scheint ja ein recht distin-guirtes Publikum sich dort Rendezvous gegeben zu haben.

Tilly (verlegen).

Ein bloßer Zufall, gnädigster Herr!

Prinz Louis Ferdinand.

Und Sie, Dussek — sind Sie nicht auch zufällig mit dabei gewesen?

Dussek.

In der That, Königliche Hoheit — es war ein ent-setzlicher Lärm! Keine Tonart erkennbar, lauter Dissonanzen und Disharmonien! Ich wollte davon laufen, blieb aber stehen, als man Ew. Königlichen Hoheit Namen rief.

Prinz Louis Ferdinand (heiter).

Nun, es sollte mich nicht wundern, wenn man am Ende in mir den Arrangeur vermuthete.

Tilly.

Das wird man nicht wagen. Das Volk haßt den Grafen Haugwitz und erwartet Hülfe von Ihnen, Mon-seigneur. Ich war selbst gestern Zeuge der Ovation, die man Ew. Königlichen Hoheit brachte.

Prinz Louis Ferdinand.

Herr von Haugwitz wird sie für Hochverrath erklären. Zum Glück endigte sie mit einem Hoch auf Se. Majestät den König.

Tilly.

Wie es loyalen Unterthanen ziemt, ganz recht, Mon-seigneur! Aber die Begeisterung, das enflammement für Ew. Königliche Hoheit, als man Sie erblickte, machten sich doch ganz spontan Luft, und gaben den Anstoß zu der erhebenden Scene.

Prinz Louis Ferdinand.

Sehr erhebend und sehr loyal, Sie haben Recht. Und die Katzenmusik, was erreicht man mit dieser? Se. Majestät wird zu dem Herrn Minister schicken und ihn höchst seiner Theilnahme versichern lassen.

Tilly.

Vraiment, das soll bereits geschehen sein.

Prinz Louis Ferdinand.

Nun also, was wollen Sie mehr? Die zerbrochenen Fenster wird die Stadt bezahlen müssen und Alles bleibt beim Alten. Nein, nein, lieber Graf, nur keine Ueberstürzung! Ueben Sie sich in der Geduld, wie wir es thun müssen, und vergessen Sie der Pflichten nicht, die Ihnen der Augenblick auferlegt.

Tilly (nach der Uhr sehend).

O woran erinnern mich Ew. Königliche Hoheit! In der That, ich hätte es beinahe vergessen, daß ich ja unserer schönen Diva versprochen habe, um diese Stunde bei ihr zu sein.

Prinz Louis Ferdinand.

Nun sehen Sie! Wie kann man auch daran nicht denken!

Tilly.

Gewiß! Ich muß mich beeilen. (Pathetisch.) Aber wenn der Tag des Kampfes und der Revanche kommt, dann bitte ich Ew. Königliche Hoheit, meinen Degen an Ihrer Seite ziehen zu dürfen.

Prinz Louis Ferdinand.

Wir werden ja sehen, ob Sie dann noch dazu geneigt sein werden.

Tilly.

Können Sie daran zweifeln, mon Prince? Jetzt fliege ich zu unserer bewunderten Fernande. Es wird sie glücklich machen, wenn ich ihr sage, daß Ew. Königliche Hoheit sich ihrer erinnert haben. Der Abgott der Damen, mit dem sich Niemand in ihrer Gunst messen kann, ist doch nur (mit einer Verbeugung) Son Altesse Royal, le Prince Louis Ferdinand. (Wendet sich zum Gehen).

3

Dussek.

Warten Sie, Herr Graf — mit Ew. Königlichen
Hoheit Erlaubniß —

Prinz Louis Ferdinand.

Gehen Sie, lieber Dussek, und vergessen Sie nicht,
daß wir Nachmittag musiciren wollen.

Dussek.

Ich werde pünktlich erscheinen, nach Ew. Königlichen
Hoheit Befehl. (Er geht mit Graf Tilly ab).

Dritte Scene.

Prinz Louis Ferdinand. von Nostitz.

Prinz Louis Ferdinand.

Welch' leichtlebige Naturen! Und wir sind eigentlich
nicht besser! Die Noth des Vaterlandes bewegt uns nicht
so sehr, daß wir alles Andere darüber vergäßen. Haben
Sie schon einmal darüber nachgedacht, Nostitz, was aus
uns, aus Preußen, werden könnte, wenn wir, wie Oesterreich, ein Austerlitz erlebten?

von Nostitz.

Nein, wahrlich nicht, Königliche Hoheit! Ich halte
das aber für unmöglich. Unter Führern, wie Ew. Königliche Hoheit, wird die preußische Armee den Franzosen
nichts schuldig bleiben.

Prinz Louis Ferdinand.

Unter Führern, wie ich! Ich muß abwarten, wohin
der königliche Wille mich stellen wird. Aber überheben
wir uns nicht und unterschätzen die Franzosen! Sie haben
geniale Feldherrn, die Revolution hat alle militärischen
Talente bei ihnen zur Entwicklung gebracht. Wir dagegen
stehen im Schatten des großen Königs, der uns wohl seinen
Ruhm, aber nicht sein Genie hinterlassen hat. Ein Möllendorf, ein Herzog von Braunschweig! Alte, ehrwürdige
Namen, doch das ist auch Alles! Der Geist fehlt, die
Maschine stockt! Sie waren schon zu alt, als wir 1792

und 95 in der Champagne und am Rhein uns mit den
Franzosen herumschlugen; heute sind sie nichts mehr, als
kraftlose Greise, die zusammenbrechen werden, wenn der
erste Sturm über uns hereinbraust. (Auf und abgehend, nach
einer Pause.) Und immer wieder ist es dieser Graf Haugwitz,
der geistig Blinde, der sich anmaßt, die Vorsehung für
Preußen spielen zu wollen. Er sitzt fest in des Königs
Vertrauen, und wir — wir — ach, ich darf gar nicht
daran denken! Was sagen Sie dazu, Nostitz?

von Nostitz.

Wenn Ew. Königliche Hoheit mir gestatten, nehme
ich den Grafen Haugwitz auf mich.

Prinz Louis Ferdinand.

Sie? Was wollen Sie thun?

von Nostitz.

Wo ich den Herrn Minister auf falscher Fährte finde,
Ihnen, gnädiger Herr, gegenüber — und ich denke, das
wird nicht schwer sein — soll er mir mit der Klinge Rechen-
schaft geben.

Prinz Louis Ferdinand.

Wo denken Sie hin?

von Nostitz.

Ich meine, daß ich damit zugleich dem Könige und
der Armee einen Dienst erwiese.

Prinz Louis Ferdinand.

Nein, nein — Sie würden nur sich selbst opfern und sonst
Nichts erreichen. Glauben Sie, daß mich meine persönliche
Stellung abhalten würde, das Nämliche zu thun, wenn ich
einen Erfolg dabei sähe? Dieser Kampf muß auf andere
Weise ausgefochten werden, als mit der Spitze des Degens.
Uebrigens ist es nicht Graf Haugwitz allein, der uns hier
gegenübersteht; es ist ein ganzes Nest von Friedens- und
Franzosenfreunden, das den König in seinen Netzen hält.
Selbst in der Armee finden sich solche; denken Sie nur an
Oberst von Massenbach mit seinem Anhange. Diese Alle

3*

müßten wir zugleich treffen. Hier kann nur etwas Unvor=
hergesehenes, Plötzliches — ein großes Schreckniß helfen,
und ich fürchte, wir werden auf ein solches nicht lange zu
warten haben. Der Schuld ist noch niemals die Strafe,
der Thorheit nie die Beschämung erspart worden. (Tritt an
den Tisch.) Kommen Sie hierher — wir wollen die Land=
karte studiren!

von Nostitz (breitet eine große Karte vor dem Prinzen auf dem
Mitteltische aus).

Prinz Louis Ferdinand.

Preußen mit seinen offenen Grenzen ist auf's Aeußerste
gefährdet, wenn Bonaparte es angreifen will. Die süd=
deutschen Staaten sind Frankreich's Verbündete; Sachsen's Neu=
tralität, selbst wenn Napoleon sie respektirte, kann uns nicht
genügend schützen. Ein norddeutscher Bund mit Sachsen
und Hessen und allen zwischen beiden liegenden kleinen
Staaten ist nicht nur eine politische, sondern vor Allem eine
militärische Nothwendigkeit.

von Nostitz.

Wer hindert Preußen, einen solchen aufzurichten?

Prinz Louis Ferdinand.

Unsere eigene Schwäche und das Mißtrauen der
Anderen. Napoleon selbst hat dem Bunde gleißnerisch das
Wort geredet, zuleich aber in Dresden und Kassel im
Geheimen davor gewarnt. Deshalb kommt man dort über
die Bedenken nicht hinaus, die aus der vermeintlichen
Unterordnung unter Preußen sich ergeben. Sie sind ja
selbst ein Sachse, Nostitz! Ihre Landsleute sind gute Soldaten.
Ich habe sie im vorigen Jahre kennen gelernt, als wir
zu der lächerlichen Demonstration gegen die Franzosen uns
aufrafften und zuletzt Oesterreich im Stiche ließen.

von Nostitz.

Die sächsischen Kameraden — das weiß ich — würden
mit Freuden einem so ritterlichen Führer, wie Ew. König=
lichen Hoheit, folgen.

Vierte Scene.

Vorige. Oberst von Phull.

von Phull (rasch eintretend).

Gnädigster Prinz — —!

Prinz Louis Ferdinand.

Oberst von Phull — Sie kommen wie gerufen! Ich eröffne hier auf eigene Faust den Feldzug gegen die Franzosen — helfen Sie mir, ihn siegreich durchzuführen.

von Phull (erregt).

Es thut Noth, daß wir Alle helfen, Königliche Hoheit, wenn wir nicht Alles verlieren sollen.

Prinz Louis Ferdinand (rasch).

Was ist geschehen? Hat Bonaparte uns den Krieg erklärt? Sind England, Rußland in's feindliche Lager übergegangen?

von Phull.

Beinahe ist's so, gnädigster Herr! Die neuesten Meldungen, die durch Couriere von dem Marquis Lucchesini aus Paris hier eingegangen sind, berichten von einem geheimen Vertrage, wonach das Königreich Polen für den Großfürsten Constantin wiederhergestellt, Oesterreich durch Schlesien für die abzutretenden polnischen Gebietstheile entschädigt und Hannover an England zurückgegeben werden soll.

Prinz Louis Ferdinand.

Ist's möglich? Woher haben Sie die Kunde? So hatte Johannes von Müller am Ende doch recht gehört.

von Phull.

Aus zuverlässiger Quelle — aus dem Cabinet des Grafen Haugwitz selbst auf direktestem Wege. Die Sache ist schon abgemacht — Preußen bezahlt die Kosten des neuen Freundschaftsbundes. Die Contingente der Rheinbundfürsten hat Bonaparte bereits aufgeboten; sie sammeln sich bei Würzburg.

Prinz Louis Ferdinand.

Unglaublich! Und wir haben keinen Mann und kein Pferd beisammen! Hat man darauf dem französischen Gesandten nicht unverzüglich seine Pässe zugestellt?

von Phull.

So schnell ist Graf Haugwitz in seinen Entschlüssen nicht.

Prinz Louis Ferdinand.

Und was sagt der König dazu?

von Phull.

Se. Majestät soll von der Nachricht auf's Aeußerste betroffen gewesen sein. Indessen scheint es die Ueber= redungskunst des Herrn Ministers fertig gebracht zu haben, seine Besorgnisse für's Erste wieder zu zerstreuen.

Prinz Louis Ferdinand.

Beneidenswerthe Fassung! Selbst die äußerste Perfidie vermag das königliche Gemüth nicht in Wallung zu bringen! So müssen wir handeln, Oberst von Phull! Gehen Sie — in meinem Namen — sprechen Sie mit Stein, Hardenberg, Schmettau und allen unseren militärischen Vertrauten! Nostitz und Valentini mögen Sie begleiten. Auch Blücher muß Nachricht haben.

von Phull.

Was soll geschehen, gnädigster Herr? Was befehlen Sie?

Prinz Louis Ferdinand.

Befehlen? Ja, wenn ich befehlen könnte, so mar= schirte dieser Haugwitz mit seinen Helfershelfern noch in dieser Stunde nach Spandau als Hochverräther, oder in's Narrenhaus, wohin er längst schon gehört. Aber es kommt jetzt Alles darauf an, den König zu bestimmen, wenigstens die Armee schlagfertig zu machen.

von Phull.

Wenn wir das erreichen, haben wir halb gewonnenes Spiel.

Prinz Louis Ferdinand.

Also ohne Zögern vorwärts! Ich selber eile zu Ihrer Majestät der Königin. Unmöglich kann der König allein die Verantwortung in so schwerer Krisis auf sich nehmen. Der Staatsrath wird befragt werden müssen —

von Phull.

Dann ist noch nicht alle Hoffnung verloren.

Prinz Louis Ferdinand.

Aber auch keine gewonnen! Es fehlt auch im Staats-
rathe an einem Gegengewicht gegen Haugwitz, und mich
wird der Herr Minister fernzuhalten wissen. Um so kost-
barer werden die Minuten — es gilt, nichts zu versäumen!
Eilen Sie!

(von Phull und von Nostitz ab).

Fünfte Scene.

Prinz Louis Ferdinand. Dann ein Jäger. Später die
Prinzessin Ferdinand und **Louise von Radziwill.**

Prinz Louis Ferdinand.

(Klingelt, zu dem eintretenden Jäger.) Laß anspannen!
Zum Palais Sr. Majestät — Du begleitest mich! (Er
nimmt seinen Degen, den ihm der Jäger bringt.)

Jäger (geht ab).

Prinz Louis Ferdinand.

Wenn Jemand helfen kann, so ist es nur die Königin,
sie allein! Ihr, der Hohen, Einzigen, will ich nochmals
die ganze Gefahr an's Herz legen und sie beschwören, mit
uns das Vaterland zu retten.

(Indem er sich zum Abgehen wendet, treten die Prinzessin
Ferdinand und Louise von Radziwill durch die Mitte ein.)

Prinz Louis Ferdinand (legt den Degen wieder ab).

Meine gnädige Frau Mutter! Ich war Ihres so
frühen Besuches nicht gewärtig — Sie finden mich noch in
dem ganzen Embarras meiner gewöhnlichen Morgengeschäfte.
Ueberdies war ich im Begriff, auszufahren.

Prinzessin Ferdinand.

Laß die Geschäfte einen Augenblick bei Seite, Louis!
Ich habe Dich noch nicht in Ruhe sprechen können, seit
Du wieder in Berlin bist.

Louise von Radziwill (halblaut).

Du bist erregt, Bruder — was ist vorgefallen?

Prinz Louis Ferdinand (ebenso).

Nichts — nichts von Belang! Hast Du die Königin gesehen?

Louise von Radziwill (ebenso).

Wir sprechen später davon.

Prinzessin Ferdinand.

Ich bin seit einiger Zeit so beunruhigt —

Prinz Louis Ferdinand (führt die Prinzessin zu einem Sessel).

Prinzessin Ferdinand.

Und Du, mein Sohn, bist die Ursache davon.

Prinz Louis Ferdinand.

Ich, Mama?

Prinzessin Ferdinand.

Du thust nichts, um Dich dem König wieder zu nähern und sein Vertrauen zu gewinnen. Die Vorgänge des gestrigen Tages werden ihn auf's Neue verstimmen. Ich fürchte, Louis, Du lässest Dich wiederum zu Unbesonnenheiten hinreißen.

Prinz Louis Ferdinand.

Wovon sprechen Sie, Mama?

Prinzessin Ferdinand.

Von der gestrigen Parade und dem Tumulte am Abend vor dem Hause des Grafen von Haugwitz.

Louise von Radziwill.

Aber Mama! Rege Dich doch nicht ohne Noth auf!

Prinzessin Ferdinand.

Ohne Noth — das sagst Du; aber Du weißt auch, wie Se. Majestät der König über Louis denkt.

Prinz Louis Ferdinand.

Was habe ich mit dem Tumult und dem Grafen Haugwitz zu schaffen? Man wird doch nicht glauben, daß ich mit der Straßenjugend gemeinsame Sache mache?

Prinzessin Ferdinand.

Es war eine politische Demonstration. Auch Officiere der Gensdarmes und der Gardes du Corps sind dabei gewesen. Und nicht einmal ein Hoch auf den König hat man ausgebracht! Das Gerücht übertreibt leicht — man wird Dir zutrauen, wenigstens davon gewußt zu haben.

Prinz Louis Ferdinand.

Thorheit, Mama! Ich habe wichtigere Dinge zu thun, als die Geschäfte des Grafen Haugwitz zu besorgen; die Zeit ist zu ernst zu solchen Kindereien. Aber wenn man sie am Hofe der Beachtung werth findet, so sollte man ihnen doch auch die richtige Bedeutung unterlegen und aus ihnen zu lernen suchen.

Prinzessin Ferdinand.

Dich reißt Dein Temperament fort, Louis, die Dinge stets in einem besonderen Lichte zu sehen. Wenn Du Dich mäßigen lernen wolltest, mein Sohn! Höre auf die Bitten Deiner Mutter! Dein Lebenswandel erregt manchen Anstoß!

Louise von Radziwill.

Mama!

Prinzessin Ferdinand.

Du weißt Deine Ausgaben mit Deinen Einnahmen nicht in Einklang zu bringen, stürzest Dich immer auf's Neue in Schulden und untergräbst den guten Ruf, auf den Du bei Deinem Rang und bei Deiner Stellung doch vor allen Anderen halten solltest.

Prinz Louis Ferdinand.

Mutter!

Louise von Radziwill.

Sei nicht hart gegen Louis, Mama!

Prinzessin Ferdinand.

Ist es nicht so, Louis? Greif in Dein Herz und zeihe mich des Unrechts, wenn Du kannst.

Prinz Louis Ferdinand.

Mutter! Ihre Vorwürfe treffen mich schwer — Sie wissen ja, theuerste Mama, wie ich Sie liebe und wie es mich schmerzt, wenn ich Ihnen Kummer bereite. Aber seien Sie gerecht und billig! Welche Stellung im Staate giebt man mir, die meiner würdig wäre! Muß ich nicht hinter

Jedermann zurückstehen und mich immer wieder selbst zu vergessen suchen, um nicht daran erinnert zu werden, daß ich im Rathe der Krone nichts gelte — gar nichts?

Prinzessin Ferdinand.

Se. Majestät würde Dir Vertrauen schenken, wenn Du den ernstlichen Willen zeigtest, es zu verdienen.

Prinz Louis Ferdinand.

Ich bin nun einmal anderer Natur, als der König, den man mir immer als Muster fürstlicher Ehrbarkeit vor= führt — ein Ruhm, den ich in vollem Maße an ihm schätze. Die Strenge seiner Grundsätze und Sitten ist gewiß eine Zierde des Königs. Hätte ich das Glück, eine Ge= mahlin zu besitzen, wie Se. Majestät, würde ich gewiß auch Zerstreuungen aus dem Wege gehen, die mir keine Genug= thuung gewähren. Bedauern Sie mich, aber tadeln Sie mich weniger — oder besser: seien Sie ohne Sorgen, das ist jetzt vorbei! Sie werden nicht mehr über mich zu klagen haben.

Prinzessin Ferdinand.

Deine Vergnügungssucht macht dich zum Verschwender!

Prinz Louis Ferdinand.

Zum Verschwender! Mama! Es ist wahr, ich kann nicht sparen. Aber habe ich nicht das ganze große Ver= mögen meines Oheims, des Prinzen Heinrich, das er mir bei seinem Tode testamentarisch vermachte, freiwillig meinem Herrn Vater zur Verwaltung überlassen, damit er nach seinem Ermessen darüber verfüge?

Prinzessin Ferdinand.

Ja, das hast Du, Louis — Du bist ein guter Sohn!

Prinz Louis Ferdinand.

Sehen Sie, das freut mich, Mama, und ich danke Ihnen, daß Sie mir dies Zeugniß geben. Dann sollten Sie aber auch nicht so hart in Ihrem Tadel gegen mich sein!

Prinzessin Ferdinand.

Bin ich das denn, Louis? Mich treibt nur die mütter= liche Sorge um Dein Wohl, mein Sohn, Dich vor den falschen Wegen zu warnen, auf denen Du wandelst. Ich möchte Dich gern vor Schaden bewahrt sehen und Dir das Glück gesichert wissen, zu dem die hohen Gaben Deines Geistes und Herzens Dich berechtigen. Suche Dich dem König wieder zu nähern!

Prinz Louis Ferdinand.

Zwischen uns steht Graf Haugwitz, der böse Dämon Preußen's! Er allein ist das Hinderniß, daß Se. Majestät und ich uns nicht verstehen.

Prinzessin Ferdinand.

Der König vertraut seinen erprobten Räthen. Er ist sich der Verantwortung bewußt, die er zu tragen hat vor Gott und seinem Volke. Deshalb will er den Frieden.

Prinz Louis Ferdinand.

Warum folgt der König nicht seiner Gemahlin, der erleuchteten Frau, die ihm näher steht, als wir Alle, und die seine vertrauteste Rathgeberin sein müßte? In der That ist nichts Begeisterndes in dieser ewigen Friedensgier, die gar Niemand bezweifelt, die aber Niemand der bloßen Mäßigung zuschreiben wird. Aus Liebe zum Frieden nimmt Preußen gegen alle Mächte eine feindliche Stellung ein und wird einmal in derselben von einer Macht über= stürzt werden, wenn dieser der Krieg gerade recht ist. Dann fallen wir ohne Hülfe und vielleicht auch noch ohne Ehre!

Prinzessin Ferdinand.

Gott verhüte, daß es so kommen möge!

Prinz Louis Ferdinand.

Es wird so kommen, Frau Mutter, oder Preußen muß in dieser Stunde noch umkehren und zeigen, daß es verdient, eine Großmachtsstellung einzunehmen — wenn es dafür nicht schon zu spät ist.

Prinzessin Ferdinand.

Ich kümmere mich nicht um Politik, Louis, Du weißt es. Aber Kaiser Alexander, denke ich, wird an dem Freund= schaftsbunde festhalten, den er im vorigen Jahre hier mit dem König geschlossen hat. Gott kann es nicht zugeben, daß die Feinde Preußen's triumphiren.

Prinz Louis Ferdinand.

Hoffen wir es, Frau Mutter! Aber meinen Sie, es könnte niemals anders sein und man werde immer trommeln und pfeifen, wenn Sie durch das Brandenburger Thor fahren? Sie fahren einmal aus dem Thore und es wird nicht getrommelt werden — glauben Sie mir's, Mama! Wir haben nichts gethan, uns die Freundschaft von Rußland, Oesterreich, England zu sichern — um so leichter wird es Bonaparte werden, durch das Angebot, das er ihnen jetzt gemacht hat, sie auf seine Seite zu ziehen.

Prinzessin Ferdinand.

Das Gespräch greift mich an. Gott, Gott, Ihr Männer und Euer ehrgeiziges Streben! Wohin wird es uns noch führen!

Louise von Radziwill.

Ueberlassen Sie es mir, Mama, mit Louis weiter zu sprechen. Ich habe ihm ohnedies noch Mittheilungen zu machen, die für Sie indeß ohne Belang sind.

Prinzessin Ferdinand (sich erhebend).

Ich hatte die Absicht, noch eine Spazierfahrt durch den Thiergarten zu machen. Das Wetter ist schön — willst Du mich nicht begleiten?

Louise von Radziwill.

Mit Ihrer Erlaubniß, Mama, bleibe ich noch einige Augenblicke. Mein Wagen wird mich hier abholen.

Prinzessin Ferdinand.

Gut, mein Kind! Und Du, mein Sohn, höre auf Louisen's Rath. Wir Frauen haben für viele Dinge ein feineres Gefühl, als Ihr Männer, und erkennen oft leichter und sicherer das Richtige.

Prinz Louis Ferdinand.

Ich werde mich bemühen, Ihre Wünsche zu erfüllen, Mama! (Er begleitet die Prinzessin bis zur Thür, ihr zum Abschied die Hand küssend.)

Prinzessin Ferdinand (geht ab).

Sechste Scene.

Prinz Louis Ferdinand. Louise von Radziwill.
Später ein Jäger.

Prinz Louis Ferdinand.

(Nachdem die Prinzessin Ferdinand sich entfernt hat, rasch
zurückkommend.) Du kommst von der Königin, Louise! Welche
Botschaft bringst Du mir von ihr?

Louise von Radziwill.

Keine — oder, was Dich noch weniger erfreuen wird:
sie hat alle Hoffnung aufgegeben, den Sinn des Königs
zu ändern.

Prinz Louis Ferdinand.

So weiß sie nicht Alles, kennt das Neueste, das Schlimmste
nicht — den Verrath, den Napoleon gegen Preußen plant
und der auch Oesterreich und Rußland uns zu Gegnern
machen wird.

Louise von Radziwill.

Wovon sprichst Du?

Prinz Louis Ferdinand.

Von einem Plane, so schlau ersonnen und so raffinirt
zugespitzt — oder sagen wir lieber, so plump und roh,
daß er selbst einem Grafen Haugwitz die Augen öffnen
müßte, wenn Gott ihn nicht mit Blindheit geschlagen hätte.

Louise von Radziwill.

Ich verstehe Dich nicht, Bruder! Sprich deutlicher!

Prinz Louis Ferdinand.

Bei der Königin! Begleite mich zu ihr, es ist keine
Zeit zu verlieren!

Jäger (tritt ein und überreicht dem Prinzen ein Schreiben auf
einem silbernen Teller).

Prinz Louis Ferdinand.

·Was ist's? (Nimmt den Brief und öffnet ihn.) Ein Hand-
schreiben Sr. Majestät — — (zu dem Jäger.) Es ist gut!
(Jäger ab.) Endlich ein Lichtblick — die Schatten weichen!

Der König hat den Staatsrath berufen und ich erhalte Befehl, an der Berathung Theil zu nehmen. (Er giebt das Schreiben der Prinzessin.)

Louise von Radziwill.

Wahrhaftig! Des Königs eigene Hand!

Prinz Louis Ferdinand.

Das ist das Werk der Königin — Dank sei ihr! Jetzt, Louise, schöpfe ich neuen Muth — der Augenblick zum Handeln ist da! In Gegenwart des Königs werde ich Haugwitz gegenüberstehen und das Gewebe seiner Politik mit dem Degen durchlöchern. (Seinen Degen, den er wieder vom Tische genommen hat, hoch emporhaltend.) Nur hierin ist unser Heil! Verräther sie Alle an Preußen's Ruhm und Ehre, die jetzt noch Friedrich Wilhelm zum Frieden rathen! Komm, Schwester!

(Indem er sich mit der Prinzessin zum Gehen wendet, fällt rasch der Vorhang).

Ende des zweiten Aktes.

Dritter Akt.

Entréesaal im Palais der Herzogin von Kurland. In der Mitte zwei offene Thürbogen, die nach den inneren Festräumen führen. Allgemeiner Auftritt rechts vorn. Beim Aufgang des Vorhangs hinter der Scene leise Tanzmusik.

———

Erste Scene.

Graf Tilly. Wiesel (kommen durch den Bogen rechts). Später ein **Kammerdiener.** Dann **General Laforest** mit einem **Adjutanten.**

Tilly.

Ein schönes Fest heute! Die Frau Herzogin als Gastgeberin hat sich mit all der ihr eigenen Liebenswürdigkeit umgeben. Und dazu ein ganzer Flor von schönen Damen!

Wiesel.

Für Sie ein ganz besonderes Reizmittel!

Tilly.

Warum nicht? Aber haben Sie schon gehört? Die Kriegserklärung an Bonaparte ist unterzeichnet!

Wiesel.

Wissen Sie das so genau?

Tilly.

Gewiß, mon cher! Ganz Berlin ist ja voll davon. General Laforest hat bereits seine Pässe erhalten.

Wiesel.

Was Sie sagen! Nun, meine Quellen berichten mir das Gegentheil. Der Staatsrath hat alle Anträge der Kriegspartei abgelehnt, nachdem Graf Haugwitz versichert, man werde durch diplomatische Künste mehr erreichen, als durch militärische Drohungen. Es ist dabei zu einer sehr erregten Scene zwischen dem Prinzen Louis Ferdinand und dem Herrn Minister gekommen, aber der König hat sich zu Gunsten des Letzteren entschieden.

Tilly (lebhaft).

Nein, nein — diesmal irren Sie sich, mon cher! Ich weiß es genau, Sie werden sehen.

Ein Kammerdiener (von rechts vorn, geht laut meldend in den Festsaal).

Se. Excellenz, der Kaiserlich französische Gesandte, General Laforest.

Tilly (außer Fassung).

Ah, c'est étonnant!

General Laforest (tritt mit einem Adjutanten von rechts auf und begiebt sich in den Festsaal, die beiden Herren im Vorbeigehen höflich grüßend).

Wiesel (mit einer Verbeugung dankend).

Nun, Herr Graf! General Laforest hat bereits seine Pässe erhalten — nicht wahr, so war's doch?

Tilly (wie oben).

Monsieur Laforest! Quelle insolence!

Wiesel.

Ereifern Sie sich nicht allzusehr, mon cher! Sie sehen, die Kriegsgerüchte sind eitel Wind und Monsieur Laforest ist noch immer à tout.

Tilly (erregt).

O ich bin begierig, was weiter geschehen soll! Es fehlte jetzt nur noch, daß auch Graf Haugwitz erschiene und mit Monsieur Laforest Arm in Arm eine Tour durch den Saal machte.

Wiesel.

Warum nicht? Es würde sie Niemand daran hindern können. Aber seien Sie unbesorgt, der Herr Minister wird nicht kommen — vorausgesetzt wenigstens, daß sich Se. Majestät der König dem Feste fernhält.

Tilly.

Glauben Sie, daß dies geschieht?

Wiesel.

Allerdings! Die Majestäten haben befehlen lassen, daß man auf ihr Erscheinen nicht warten, sondern das Fest auch ohne sie beginnen lassen möge. Das ist so gut wie eine Absage.

Tilly.

So lassen Sie uns zurück in den Saal gehen! Ich muß sehen, wie sich dieser Monsieur Laforest benimmt.

Wiesel.

Unbefangen wie immer! Er wird Ihnen, wenn Sie es wünschen, die pikantesten Dinge aus der chronique scandaleuse von Berlin erzählen und alle Scandalosa der französischen Politik in Abrede stellen.

Tilly.

Nun, ich hoffe, daß ihm der Boden heute hier heiß genug werden soll. Sie werden sehen, daß ich Recht behalte, Monsieur Wiesel — nous aurons la guerre! Der Krieg steht vor der Thür.

(Beide ab in den Saal).

Zweite Scene.

Oberst **von Phull** und Hauptmann **von Valentini** (kommen aus dem Ballsaal durch den Thürbogen links.)

von Valentini (im Auftreten).

General Laforest hier! Sollte man es für möglich halten!

von Phull.

Warum nicht? Der Herr Gesandte erachtet es für zweckmäßig, durch sein Erscheinen die Kriegsgerüchte officiell zu dementiren und aller Welt zu zeigen, daß zwischen Paris und Berlin das beste Einvernehmen besteht.

von Valentini.

Ich finde das impertinent!

4

von Phull.

Wie der Herr, so der Diener! Er sucht es seinem Meister gleich zu thun. Vielleicht will er den Eindruck der gestrigen Scene im Theater verwischen, wo bei dem Gesang des Reiterliedes in Wallensteins Lager das ganze Publikum sich erhob und in den Refrain begeistert mit einstimmte.

von Valentini.

Herrn von Haugwitz schien es wenig zu behagen; er verschwand sofort.

von Phull.

Die Erregung in allen Kreisen der Residenz ist eine Thatsache, die ihm unbequem wird. (Nach der Uhr sehend.) Aber der Prinz bleibt lange aus! Ich hoffe doch, daß ihn der Verdruß über den Beschluß des Staatsraths nicht am Ende veranlassen wird, dem Feste fernzubleiben.

von Valentini.

Se. Königliche Hoheit hat sein Erscheinen bestimmt zugesagt.

von Phull.

Dann dürfen wir ihn auch erwarten. — Da kommt die alte Excellenz von Möllendorf! Lassen Sie uns hören, ob uns aus dieser Quelle neue Nachrichten fließen. (Dem Feldmarschall, der von rechts vorn auftritt, entgegengehend.) Ew. Excellenz ergebener Diener!

Dritte Scene.

Vorige. Feldmarschall von Möllendorf.

von Möllendorf.

Sieh da, lieber Oberst von Phull — Hauptmann von Valentini! Guten Abend, guten Abend! Nun, noch nicht beim Tanze?

von Valentini.

Noch nicht, Excellenz.

von Phull.

Unter welchem Zeichen, Excellenz — wenn eine Frage erlaubt ist — stehen wir heute? Mars oder —

von Möllendorf (ihn unterbrechend).

Venus, Venus, lieber Oberst! Hähähä! Was wollen Sie mit dem alten Mars? Sie wollen doch in diesem Saale keinen Krieg führen?

von Phull.

Nicht hier, Excellenz! Aber wir befinden uns doch in einer ernsten Krisis.

von Möllendorf (hustend).

Hm! Weiß von nichts. Müssen Se. Majestät selber fragen oder den Staatsrath.

von Phull.

Se. Königliche Hoheit der Prinz Louis Ferdinand ist ja nochmals bei Sr. Majestät vorstellig geworden.

von Möllendorf (hustend).

Hm! Der Prinz treibt zu sehr — hat persönlichen Ehrgeiz — aber Se. Majestät (betonend) lieben die Genies nicht. Immer hübsch im Tritt bleiben — das ist die Haupt= sache für den Soldaten, Herr Oberst von Phull!

von Phull.

Also ist die Nachricht von der zu erwartenden Kriegs= erklärung verfrüht?

von Möllendorf (hustend).

Weiß von nichts! Glaube aber nicht daran — Se. Majestät lieben den Frieden. Auf Wiedersehn, lieber Oberst von Phull! Ich muß jetzt bei die Damen (geht in den Saal).

von Phull.

Er muß jetzt bei „die Damen"! Kommen Sie, Valen= tini — wir wollen uns gedulden, bis der Prinz selber da ist. Die alte Excellenz liebt, scheint es, die Genies auch nicht. Ist alt und lahm geworden. O Genius des großen Königs, wo bist Du geblieben! Mit solchen Führern werden wir freilich keinen Sieg erringen! (Er geht mit Valentini in den Ballsaal).

Vierte Scene.

Rahel Lewin. Pauline Wiesel. (Kommen durch die Bogen=
thür rechts aus dem Ballsaal.)

Pauline (unruhig).

Er ist noch nicht hier.

Rahel.

Sie sind zu aufgeregt, Pauline! Wenn Sie den Prinzen
zu sprechen wünschen, thun Sie es an einem anderen Orte
— Sie könnten hier Zeugen haben, die wenigstens ihm nicht
angenehm wären.

Pauline.

Der Ungetreue hat mich seit seiner Rückkehr nach
Berlin noch nicht besucht — o ich werde ihn zu halten
wissen, wenn er mir entschlüpfen will!

Rahel.

Eine Vernachlässigung, die gewiß Viele mit Ihnen
theilen werden.

Pauline.

Viele?

Rahel.

Ich meine, die Politik läßt ihm keine Zeit, seine Freund=
schaften zu pflegen.

Pauline.

Politik? Was kümmert mich die Politik!

Rahel.

Aber den Prinzen! Sie kennen sein Drängen zur Ent=
scheidung und die Gegnerschaft des Grafen Haugwitz. Dem
Prinzen liegen Preußen's Größe und Ehre am Herzen;
seine flammende Seele kennt keinen anderen Gedanken, als
die Rettung des Vaterlandes.

Pauline.

Sie sind klug und edel, Rahel, und denken wohl
ebenso, ich weiß es! Aber ich empfinde anders. Ich bin
eine Egoistin und denke nur an mich selber.

Rahel.

Halten Sie denn die Neigung, die Ihnen der Prinz zu erkennen giebt, für ernsthaft?

Pauline.

Ernsthaft? Sie wollen doch nicht sagen, daß er eine Andere bevorzugt?

Rahel.

Nun — der Prinz ist galant. Ueberdies hat er ältere Verpflichtungen, und Sie sind nicht frei.

Pauline.

Hören Sie auf — ich bitte! Mein Gatte hat es nie verstanden, meine Liebe zu gewinnen. Die freie Wahl des Herzens steht für mich höher, als die lästigen Fesseln einer erzwungenen Ehe. Nur die Leidenschaft bindet Körper und Seelen! Aber Sie verstehen mich ja doch nicht, Sie, mit dem begehrnißlosen Herzen und dem allezeit tugendhaften Verstande!

Rahel.

Wozu der Eifer, meine Liebste! Ich habe Sie nicht kränken wollen, aber ich möchte Sie und den Prinzen vor Enttäuschungen bewahren. Jedenfalls warne ich Sie, jetzt mit zu großem Ungestüm in ihn zu drängen; Sie könnten sich ihn dadurch entfremden.

Pauline.

Sprechen Sie in seinem Auftrage?

Rahel.

Wo denken Sie hin? Ich habe den Prinzen seit seiner Rückkehr so wenig gesehen, wie Sie.

Pauline.

Nun also?

Rahel.

Aber es gehört doch nur eine geringe Combinations-gabe dazu, um zu errathen, daß er gerade jetzt, wo ihn ganz andere Dinge in Anspruch nehmen, am wenigsten geneigt sein wird, mit Ihrer Eifersucht sich auseinander zu setzen.

Pauline.

Gleichviel! Ich muß ihn sprechen — gerade hier, hier, wo so viele begehrliche Augen auf ihn gerichtet sein werden. Ich denke nicht daran, ihn aufzugeben, komme es, wie es wolle — und Sie werden mich nicht daran hindern! (Sie geht wieder in den Saal.)

Rahel.

Armes Ding! Sie hat ihn schon verloren; sie paßt mit ihrer Flatterhaftigkeit nicht zu des Prinzen leicht erregbarem Gemüth. Aber sie will nicht hören und sehen!

Fünfte Scene.

Rahel. Wiesel, Graf Tilly (kommen aus dem Ballsaal.)

Tilly.

Ah, Mademoiselle Rahel — die geistreichste unter unseren geistreichen Damen! Ich schätze mich glücklich, Ihnen hier zu begegnen. (Er küßt ihr die Hand.)

Rahel.

Immer voller Galanterie, Herr Graf!

Wiesel (der Paulinen nachgesehen hat).

Ich will hoffen, daß ich nicht die Ursache gewesen bin, wenn Madame, Ihre Freundin, sich so eilig entfernt hat.

Rahel.

In der That — ich glaube das nicht. Oder sind Sie hierher gekommen, um ein Tête-à-Tête mit Ihrer Gattin zu suchen?

Wiesel.

Sie scherzen! Zu welchem Ende auch? Aber ich hätte mich gern nach ihrem Befinden erkundigt. Mangel an gegenseitiger Zuneigung schließt doch die Höflichkeit nicht aus.

Rahel.

Wenn es nur das ist, kann ich Sie beruhigen. Madame Pauline Wiesel befindet sich ganz ausgezeichnet.

Wiesel.

Ich danke Ihnen, Mademoiselle Lewin — das beruhigt mich. Für ihre Unterhaltung brauche ich nicht zu sorgen; auf diese versteht sie sich selbst am allerbesten.

Rahel.

Sie sind boshaft, mein Herr!

Wiesel (ihr die Hand küssend).

Das verlernt sich in Ihrer Gegenwart.

Tilly.

Aber sagen Sie, meine verehrte Freundin, wie kommt es, daß der Prinz noch nicht hier ist? Sollte es sich be-stätigen, daß, wie Monsieur Wiesel mir soeben gesagt hat, ein neues Zerwürfniß mit Sr. Majestät —

Wiesel.

Pardon, Monsieur le Comte! Wer hat davon ge-sprochen? Ich behauptete nur, daß es dem Prinzen aber-mals mißlungen sei, den König für seine Aktionspolitik zu gewinnen.

Rahel.

Ich, meine Herren, weiß von alledem so viel wie nichts. Se. Königliche Hoheit fehlte an meinem letzten jour fixe, und Johannes von Müller wußte nur zu be-richten, daß die politische Krisis den Prinzen auf das Leb-hafteste erregt und in Mitleidenschaft zieht.

Tilly.

Ganz recht — die Treulosigkeit Bonaparte's ist in ganz Berlin bekannt, und deshalb sprach man heute mit Begeisterung überall von der erfolgten Kriegserklärung.

Wiesel.

Leere Gerüchte, ich wiederhole es Ihnen!

Rahel.

Die aber hoffentlich solche nicht bleiben werden.

Wiesel.

Wie, auch Sie sind so kriegsdurstig, Mademoiselle?

Rahel.

Gewiß, wenn ich sehe, daß Preußen's Ehre und Sicherheit es erfordern! O, wäre ich ein Mann, so würde ich nicht ruhen, bis ich selber mit in's Feld ziehen könnte, den übermüthigen Gegner, der uns bedroht, zurück zu werfen!

Tilly.

Bravo, bravo, Mademoiselle Rahel!

Wiesel.

Ein schönes Feuer — in der That, und unsere Damen wissen genau, wie gut sie ihnen steht, die Röthe der Begeisterung auf den Wangen. Aber die Schwärmerei allein genügt nicht in der Politik.

Rahel.

Spotten Sie nur immer, mein Herr! Der Himmel bewahre mich vor einem so nüchternen Sinn, der keiner Begeisterung fähig ist.

Wiesel (sich verbeugend).

Wie der meine etwa.

Rahel.

Nehmen Sie es, wie Sie wollen! Wer wahrhaft edel ist, der empfindet die Noth des Vaterlandes wie seine eigene, und setzt Blut und Leben daran, ihr zu steuern.

Tilly (ihr die Hand küssend).

O vous êtes admirable, Mademoiselle Rahel!

Wiesel.

Ich bin Kosmopolit — mein Empfinden gehört der ganzen Welt.

Rahel (geringschätzig).

Das nenne ich schwärmen oder — blasirt sein! Es ist gewiß bequem, wenn auch nicht sehr rühmlich, sich der Pflichten des Patrioten zu entschlagen.

Tilly.

Recht, recht, Mademoiselle! Wie oft habe ich Monsieur Wiesel das Nämliche gesagt! Aber er ist ganz incorrigible! — Doch da kommt Monsieur de Nostitz; gewiß ist dann auch der Prinz nicht mehr fern.

Wiesel.

Gestatten Sie mir, daß ich mich inzwischen mit der Lehre, die ich soeben von Ihnen empfangen habe, entferne. Ich will in mich gehen, wenn ich kann; einstweilen aber will ich darüber nachdenken, Mademoiselle, welches der Grund meiner Entartung ist, die Sie mir vorwerfen.

Rahel.

Thuen Sie das! Vielleicht gelingt es Ihnen, sich auf das Rechte zu besinnen.

Wiesel (geht in den Saal).

Sechste Scene.

Vorige ohne Wiesel. Lieutenant von Nostitz (von rechts).

Rahel (Nostitz entgegen).

Sie kommen wie der Morgenstern vor dem großen Gestirn des Tages! Bringen Sie den Prinzen nicht mit sich?

von Nostitz.

Ich glaubte Se. Königliche Hoheit bereits hier. Dann folgt er mir sicher auf dem Fuße.

Tilly.

Geschwind, Monsieur de Nostitz, sagen Sie uns, wie es mit dem Kriege steht? Die öffentliche Meinung ist erregt — man hört in der Ferne schon die Kanonen donnern, und doch sprechen Andere davon, daß Alles nur Täuschung sei.

von Nostitz (mit Ironie).

Krieg? Wir leben ja im schönsten Frieden! Würden wir sonst solche Feste feiern? Graf Haugwitz sorgt gütigst dafür, daß die Berliner in ihren Vergnügungen und hergebrachten Gewohnheiten nicht gestört werden.

Rahel.

So ist es also wahr, daß Herr von Haugwitz abermals Recht behalten hat? Mein Gott — was ich den

Prinzen beklage! Ich kann mich ganz in seine Seele hinein-
fühlen. Unthätig zusehen zu sollen, während die schwarzen
Wetterwolken, die schon andere Länder verheerend getroffen
haben, auch gegen uns heranziehen!

von Nostitz.

Und es blitzt und donnert schon ganz nah! Nur Herr
von Haugwitz, der allmächtige Minister, sieht und hört
nichts.

Rahel.

Krieg und Politik sind nicht Frauenzimmersache. Aber
es bewegt uns doch auch, wenn wir die Geschicke ganzer
Völker und Nationen sich in so schrecklichem Kreislaufe
umgestalten und vollenden sehen. Mich macht diese Zeit
förmlich nervös! Ich sehe den Abgrund schon vor uns
gähnend sich aufthun, der Freund oder Feind, und vielleicht
beide, zu verschlingen droht. Wer wird der Ritter Curtius
sein, der sich opfernd in denselben hineinstürzt?

Siebente Scene.

Vorige. Prinz Louis Ferdinand.

Prinz Louis Ferdinand (der schon etwas früher von rechts aufgetreten ist, so daß er die letzten Worte noch gehört hat).
Ich!

Rahel (überrascht sich umwendend).

Se. Königliche Hoheit!

Prinz Louis Ferdinand.

Ja, ich — Rahel — wir Alle, die ganze preußische
Armee! Es wird uns zuletzt nichts übrig bleiben, als die
That der Verzweiflung! Denn die Sinne derer, die uns
führen sollten, sind verblendet; das Verhängniß naht uns
mit Riesenschritten und pocht schon an unsere Thore. Aber
— pardon! Ich will Ihnen die festliche Stimmung des
heutigen Tages nicht verderben.

Rahel.

Königliche Hoheit! Das heutige Fest soll uns nicht
abhalten, die Noth des Vaterlandes zu erkennen.

Prinz Louis Ferdinand.

Das sollte es freilich nicht! Nun denn ja, Rahel, wenn Sie es wissen wollen — der Abgrund liegt vor uns, dem wir mit blinden Augen zustürmen. Wehe denen, deren Kassandrablick ihn deutlich erkennt und deren warnende Stimme doch nicht gehört wird! Das Ohr des Königs gehört Herrn von Haugwitz, der Se. Majestät in uns Alle verderbende Sicherheit zu wiegen weiß.

Rahel.

Giebt es denn wirklich kein Mittel, diesen verhängniß- vollen Einfluß zu brechen?

Prinz Louis Ferdinand.

Bis jetzt keines — ich verzweifle an Allem! Von gestern bis heute liegen die Versuche zu Bergen gehäuft, die gemacht worden sind, Preußen's wahre Lage denen klar zu machen, die sie vor Allen erkennen müssen. Aber selbst der Königin ist es nicht gelungen, den Sinn Sr. Majestät zu ändern. Der König in seiner eigenen Ehren- haftigkeit glaubt nicht an die nichtswürdigen Pläne der französischen Politik und hält fest an der Meinung, daß ein neutrales Preußen die beste Gewähr sei für den Frieden Europa's. Schmach und Schande über die, die ihn darin bestärken!

Rahel.

Das ist traurig! Aber, Königliche Hoheit, darf ich um eins bitten? Haben Sie mich vorhin an die festliche Stimmung erinnert, die wir dem heutigen Abend entgegen- bringen sollen, so lassen Sie mich diese Mahnung Ihnen jetzt zurückgeben. Wir leben im Fluge! Wer weiß, wie rasch die Dinge sich ändern! Morgen schon können Er- eignisse eingetreten sein, die wir heute nicht vorhersehen und die Sie an Ihr Ziel führen.

Prinz Louis Ferdinand.

Sie haben Recht! Nicht daß ich an einen so raschen Umschwung der Meinungen glaubte, aber wir wollen uns diese Stunden frohen Genusses nicht durch die Sorgen ver- kümmern lassen, die morgen folgen werden. Ich habe der Herrin des Hauses noch nicht meinen Respekt bezeugt.

Geben Sie mir Ihren Arm, Rahel, und führen Sie mich
zu ihr. Nostitz, bitte, gehen Sie voraus, uns den Weg
zu zeigen!

von Nostitz (geht mit dem Grafen Tilly voraus in den Saal).

Rahel.

So ist's recht, Königliche Hoheit — und nun, bitte,
eine recht heitere Miene, damit man Ihnen die Sorgen
nicht ansieht!

(Als sie in den Saal gehen wollen, tritt ihnen Pauline entgegen).

Achte Scene.

Prinz Louis Ferdinand. Rahel. Pauline. Später
Lientenant von Nostitz.

Pauline (sich tief verneigend).

Ew. Königliche Hoheit!

Prinz Louis Ferdinand (überrascht, Rahel's Arm freigebend, die
sich zurückzieht).

Pauline — Sie hier, Madame?

Pauline.

Ah, das scheint Ew. Königliche Hoheit zu überraschen.

Prinz Louis Ferdinand.

Ich freue mich, Sie hier zu sehen und begrüßen zu
können.

Pauline.

Wie gnädig Ew. Königliche Hoheit sind! (Halblaut, heftig).
Sie Ungetreuer sind schon seit drei Tagen in Berlin und
haben mich vergeblich auf Ihren Besuch warten lassen.

Prinz Louis Ferdinand.

Bedauern Sie mich, Pauline! Wenn Sie wüßten, wie
oft ich mich nach Ihnen gesehnt habe — meine Briefe
müssen es Ihnen kundgethan haben! Aber die Zeit ist
ernst geworden — ernster, als sie es bisher schon war,
und wir müssen es mit ihr werden.

Pauline.

Ernst — ernst! Welch' ein häßliches Wort, wenn es bedeuten soll, daß Sie aufhören wollen, mich zu lieben, Prinz!

Prinz Louis Ferdinand.

Welche Thorheit, Pauline!

Pauline.

Thorheit oder nicht! Man hat es mich wenigstens glauben zu machen versucht.

Prinz Louis Ferdinand.

Wer kann das gethan haben?

Pauline.

Andere (sich nach Rahel umsehend) — Solche, die mir vielleicht das Glück beneiden, von Ew. Königlichen Hoheit ausgezeichnet zu werden. (Bei Seite.) Mag sie es immer auf sich beziehen, die kluge Rahel!

Prinz Louis Ferdinand.

Wie schön Sie sind, Pauline! Wenn ich bei Ihnen bin, vergesse ich gern alles Andre. Aber seltsam, wenn Sie fern sind, ist es mir mitunter, als sei unsere Liebe nicht echt — wenigstens die Ihrige nicht.

Pauline.

Wie grausam, Prinz! Ganz abscheulich! Wer kann Ihnen solche Gedanken beigebracht haben?

Prinz Louis Ferdinand.

Wer? Sie selbst! Vielleicht haben wir uns Beide geirrt. Ich brauche eine große, allmächtige Leidenschaft, deren Horizont weit hinausliegt — weit über das Herz und die Sinne, die Leben und Tod in Eins zusammenfaßt, und deren Ende die Ewigkeit ist.

Pauline.

Königliche Hoheit!

Prinz Louis Ferdinand.

Darf ich Sie festzuhalten suchen und würden Sie auch die Standhaftigkeit besitzen, auszuharren, wenn das Mißgeschick über uns hereinbricht? Sie sind schön, Pauline, geschaffen zu leben und zu beglücken — Ihr Element ist der heitere Genuß; Sie würden sich selbst verlieren, wenn Sie auch leiden müßten. Und wer an mich sich kettet der ist nicht sicher vor Schrecken und einem jähen Ende.

Pauline.

Alles, mein Prinz, will ich mit Ihnen tragen.

Prinz Louis Ferdinand.

Das spricht sich leicht, so lange uns die Probe erspart bleibt. Sie sind auch noch gebunden, Pauline; Ihr Gatte zeigt sich nicht geneigt, seinen Ansprüchen auf Sie zu entsagen.

Pauline.

Ich hasse diese Fesseln und werde sie zerreißen.

Prinz Louis Ferdinand.

Nicht doch — handeln Sie nicht unbedacht, Pauline! Treten Sie nicht auf das schwankende Brett, das mich trägt und das vielleicht im nächsten Augenblick schon die Wogen mit hinunterziehen in die Tiefe. Ich bitte Sie um Ihrer selbst willen darum!

von Nostitz (aus dem Saal kommend).

Darf ich Ew. Königliche Hoheit stören? Die Frau Herzogin von Kurland verlangt nach Ihnen, gnädiger Herr!

Prinz Louis Ferdinand.

Sehen Sie, Pauline — ich habe über der Unter-haltung mit Ihnen ganz vergessen, die erste Pflicht der Höflichkeit als Gast der Herrin des Hauses gegenüber zu erfüllen. Entschuldigen Sie mich — wir können, was wir uns zu sagen haben, wenn Sie es wünschen, ja an einem anderen Orte besprechen. Aber mich dünkt, es wäre uns Beiden besser, wenn wir von einander lassen könnten. Leben Sie wohl!

(Er küßt ihr die Hand und geht mit Nostitz in den Ballsaal.)

Neunte Scene.

Pauline. Dann Wiesel.

Pauline.

Ja, wie ist mir denn? Soll das ein Abschied sein?
Ich kenne ihn nicht wieder — oder sollte er einer Anderen
seine Neigung zugewendet haben? Das muß ich zu erfahren suchen. (Sie wendet sich zum Gehen.)

Wiesel (ihr entgegentretend).

Kann ich Ihnen dabei behülflich sein, Madame?

Pauline.

Ah, Sie hier, mein Herr Gemahl? Ich konnte es
mir denken. Sie haben gelauscht!

Wiesel.

Bei offenen Thüren — —! Aber es hat mich doch
gefreut, zu hören, daß der Prinz anfängt, solid zu werden.
Er nimmt Anstoß daran, daß Sie noch gebunden sind.

Pauline.

So geben Sie mich frei — ich bitte, ich flehe darum!

Wiesel.

Sie sind so frei, als Sie es sein wollen, Madame —
ist das nicht genug? Mehr kann und werde ich nicht
thun.

Pauline.

Lösen Sie das Band, das Sie und mich widerwillig
bindet! Der Prinz wird es Ihnen Dank wissen.

Wiesel.

Vielleicht auch nicht — doch ich frage nichts danach.

Pauline.

Er liebt mich.

Wiesel.

Wie er schon manche schöne Frau vor Ihnen geliebt
hat und manche nach Ihnen lieben wird. Täuschen Sie
sich darüber nicht, Madame! Die demokratische Luft, die

in Frankreich weht, ist bei uns noch lange nicht bis nach oben gedrungen. In Preußen macht man aus einfachen Bürgerfrauen keine Prinzessinnen und Königinnen.

Pauline.

Lassen Sie sich erweichen — auf meinen Knieen flehe ich Sie darum! (Macht Miene, niederzuknieen.)

Wiesel (sie zurückhaltend).

Nur hier keine Scene, Madame! Man könnte Sie beobachten und Sie kennen ja die pikante Neigung der Gesellschaft, sich über Andere zu belustigen.

Pauline (leidenschaftlich).

Sie sind ein Dämon!

Ein Kammerdiener (kommt von rechts und geht rasch über die Bühne in den Ballsaal, meldend).

Ihre Majestät die Königin ist soeben vor dem Palais vorgefahren.

Rahel (aus dem Ballsaale rasch vortretend).

Kommen Sie, Pauline! (Faßt ihren Arm). Ich habe Sie gewarnt — suchen Sie das Vorgefallene zu vergessen!

Pauline (entschlossen).

Gut, ich werde es vergessen! Ich will es! (Sie geht mit Rahel in den Saal.)

Wiesel (ihnen folgend).

Es wird ihr nicht allzuschwer fallen. Auch dies Drama wäre ausgespielt!

Zehnte Scene.

Herzogin von Kurland. Prinz Louis Ferdinand mit Begleitung, Möllendorf, Phull u. a. Gäste, aus dem Ballsaal kommend. Dann die Königin Louise und die Prinzessin Radziwill nebst einigen Hofdamen. Zuletzt Pauline Wiesel.

Herzogin (sich tief verbeugend).

Ew. Majestät erweisen mir die Gnade!

Die Königin (ihr die Hand reichend).

Guten Abend, liebe Herzogin! Ich soll den König, meinen Gemahl, entschuldigen, den ernste Staatsgeschäfte abhalten, mit mir zu kommen. (Sich zu dem Prinzen Louis Ferdinand wendend.) Sieh da, mon cousin! Ich freue mich, Ihnen zu begegnen — ich habe Ew. Königlichen Hoheit wichtige Nachrichten mitzutheilen.

(Die Herzogin und die Prinzessin Radziwill nebst Gefolge und alle Anderen ziehen sich zurück).

Prinz Louis Ferdinand.

Ew. Majestät sind voller Gnade!

Die Königin.

Ich kam nur hierher, weil ich Sie hier wußte. Es steht uns übel an, Feste zu feiern in so schwerer Zeit der Bedrängniß. Aber meine Botschaft duldet keinen Aufschub! Wir haben es erreicht — die Kriegserklärung an Bonaparte ist ausgefertigt —

Prinz Louis Ferdinand.

Ist es möglich?

Die Königin.

Der König hat Ew. Königlichen Hoheit ein hohes Commando in der Armee zugedacht.

Prinz Louis Ferdinand.

Ew. Majestät —!

Die Königin.

Noch in der letzten Stunde ist es mir endlich gelungen, des Königs Sinn zu gewinnen und ihn zu überzeugen, daß die Nachrichten aus Paris über die verrätherische Politik des Kaisers keinem Zweifel unterliegen. Eine Depesche, die dem russischen Gesandten zugegangen ist, kam mir zu Hülfe. Napoleon's nächstes Ziel ist die Demüthigung Preußen's — der Sturz seiner Dynastie! Er hat Böses gegen uns im Sinne! In seinem frevlen Uebermuth glaubt er auch unsere Krone zerbrechen zu können, wie er die anderer Könige zerbrochen hat. Aber Gott wird ihn zu finden wissen! Versprechen Sie mir, Prinz, in allen Fähr-

5

lichkeiten treu zu dem König, meinem Gemahl, zu stehen, sein Leben und das der Prinzen, meiner Söhne, schützen zu wollen, wenn ihnen Gefahr droht!

Prinz Louis Ferdinand (feierlich).

Mit Blut und Leben, so wahr mir Gott helfe — ich gelobe es Ew. Majestät.

Die Königin.

Es werden schwere Tage über Preußen hereinbrechen — Tage der Prüfung und der Züchtigung. Denn auch wir haben gesündigt und müssen geläutert werden. Aber Gott wird mit uns sein und uns nicht verlassen, wenn wir ihm unsere Geschicke vertrauen!

Prinz Louis Ferdinand.

Seien Sie unser Leitstern! Ew. Majestät werden wir folgen durch alle Schrecken des Todes — um Ihretwillen wird Preußen nicht verloren sein!

Die Königin.

Mir ahnt das Schlimmste! Zwar Rußland wird den Lockungen des Versuchers widerstehen; Kaiser Alexander kann den Treueid nicht vergessen, den er uns und den wir ihm gelobt haben. Die Kurfürsten von Sachsen und von Hessen haben ihren Beitritt zu dem Bündniß gegen Bona= parte zugesagt; ihre Truppen werden sich mit den unseren vereinigen. Aber die großen Mittel zur Rettung können ganz allein in der engsten Vereinigung aller Derer zu finden sein, die sich des deutschen Namens rühmen. Und wann ist diese zu hoffen?

Prinz Louis Ferdinand.

Gott weiß es — vielleicht niemals! Oder mindestens nicht früher, als bis die fremde Tyrannei alle gemeinsam zu Boden drückt. Doch hier gilt kein Besinnen! Das Brandenburger Schwert ist kein Galanteriedegen, den man nur als Zierrath trägt. Preußen muß die Waffen erheben zur Rettung seiner eignen Ehre, und wohl ihm, daß es diesen Entschluß gefunden hat! Ew. Majestät gebührt der Dank dafür und das Vaterland wird ihn nicht vergessen.

Die Königin.

Laſſen Sie uns dies Geſpräch jetzt abbrechen! Ich bin glücklich, Ew. Königlichen Hoheit zuerſt die entſcheidende Botſchaft haben überbringen zu können. Meine Wünſche werden Sie überall begleiten, wo Sie auch ſein mögen! (Sie reicht ihm die Hand zum Kuſſe.)

Prinz Louis Ferdinand (feurig).

Mein Herz und meine Treue lege ich Ew. Majeſtät zu Füßen — Gott ſchütze meine theure Königin!

Die Königin.

Jetzt muß ich den Pflichten meiner Stellung genügen und auch als Vertreterin des Königs die Geſellſchaft begrüßen.

(Sie geht mit der Herzogin, die während des Geſprächs mit dem Prinzen, ebenſo wie die Prinzeſſin Radziwill, unter dem Thürbogen rechts ſichtbar geblieben iſt, in den Saal.)

Pauline (im Hintergrund links, wo ſie gegen den Schluß der Scene erſcheint — für ſich, mit ſchmerzlicher Leidenſchaft).

Er liebt die Königin — nun weiß ich Alles! Jetzt habe ich ihn verloren! (geht wankend wieder in den Saal.)

Elfte Scene.

Prinz Louis Ferdinand. Prinzeſſin Louiſe Radziwill. Zuletzt **von Noſtitz** und **von Valentini.**

Louiſe Radziwill.

Nun, biſt Du endlich zufrieden, Louis? Sind Deine Wünſche erfüllt?

Prinz Louis Ferdinand.

Wünſche — erfüllt — zufrieden! Welch' ſchwächliche, mattherzige Worte, Louiſe! Krieg — Krieg! Ich höre nur den einen Klang, der meine Seele erſchüttert. Aber wie iſt es möglich — wie konnte dieſer raſche Umſchwung eintreten? Vor wenigen Stunden noch hatte ich alle Hoffnung aufgegeben. Steht Haugwitz noch an ſeinem Platze?

Louise Radziwill.

Er steht noch dort. Doch der Königin ist es gelungen, den Widerstand zu brechen, den er bis zuletzt versucht hat. Bald nachdem Du den König verlassen hattest — —

Prinz Louis Ferdinand.

Ich ging, weil ich keine Möglichkeit sah, seinen Sinn zu ändern. Graf Haugwitz, der glatte Hofmann, der Diplomat des Ungeschicks und der Mißerfolge, dem der König aber leider glaubt, weil er ihn in seinen eigenen Ideen zu bestärken sucht, behauptete das Feld.

Louise Radziwill.

Nachdem Du den König verlassen, ging die Königin zu ihm.

Prinz Louis Ferdinand.

Welch' eine Frau, Louise! Wo gäbe es eine zweite in der Welt, die ihr gliche! Sie ist die Krone ihres Geschlechtes.

Louise Radziwill.

Sie hat Sr. Majestät neue Beweise vorgelegt, daß Bonaparte darauf ausgeht, Preußen und sein königliches Haus zu demüthigen und wenn möglich zu vernichten.

Prinz Louis Ferdinand.

Man hat ihm die Drohung leicht gemacht!

Louise Radziwill.

Jetzt sind die Würfel gefallen. Du wirst unsere Truppen zum Kampfe und — will's Gott — zum Siege führen helfen, Bruder! Mit Stolz sehe ich das ritterliche Preußen in Dir sich verkörpern und meine Gebete werden Dich überallhin begleiten.

Prinz Louis Ferdinand.

Auch in den Tod, Louise! Denn dieser leuchtet uns vor Allem entgegen — es ist der Kampf der Verzweiflung, der uns erwartet!

von Nostitz (kommt mit einem Briefe).

Sr. Königlichen Hoheit dem Prinzen Louis Ferdinand.

Prinz Louis Ferdinand (das Schreiben öffnend).
Des Königs Ordre zur Führung der Hohenlohe'schen
Avantgarde. Kein Armeecorps also, wie man es mir in
Aussicht gestellt — aber doch der Erste am Feind! Nun
denn — die Kugel ist im Rollen — ich bin bereit!

von Balentini (vortretend).
General Laforest hat das Palais soeben verlassen.

Zwölfte Scene.

Vorige. **Graf Tilly. Wiesel. Rahel. Pauline. Möllendorf.
Phull u. a. Officiere, Herren und Damen.** Zuletzt die
Königin mit der Herzogin von Kurland.

Tilly.
So habe ich also doch Recht behalten, Monsieur
Wiesel! Ah, da ist Se. Königliche Hoheit selbst!

Prinz Louis Ferdinand (zu den Officieren).
Treten Sie näher, meine Herren! Der Krieg ist erklärt
— ich habe die Königliche Ordre in der Hand — Preußen
ist erwacht!

(Allgemeine Bewegung. Pauline will auf den Prinzen zueilen,
Rahel hält sie zurück).

Wiesel (tritt zu ihr, leise).
Seien Sie bedacht, Madame!

Pauline.
Ich bin es. Geleiten Sie mich von hier fort!

Wiesel (führt sie hinweg).

Tilly.
Grâce à Dieu! Sie werden Bonaparte züchtigen!
Ew. Königliche Hoheit gestatten, daß ich Ihnen erst
später folge — —

Prinz Louis Ferdinand.
Bleiben Sie immer, Herr Graf! Ich verzichte auf
Ihren Beistand, so gut er auch gemeint sein mag. Es ist ein

Kampf um Preußen's und Deutschland's Ehre und Existenz, den wir auch selber ausfechten müssen, ohne fremde Hülfe. (Auf die inzwischen in den Vordergrund getretene Königin zugehend). Hier steht der Genius, der uns begeistern und beschirmen wird! Preußen's Königin Louise segnet unsere Fahnen und unsere Waffen! Wir werden siegen oder — sterben! (Er kniet vor ihr nieder.)

(Gruppe. Der Vorhang fällt. Das Orchester setzt unmittelbar mit dem Reiterliede aus Wallenstein's Lager ein und spielt die erste Strophe desselben zu Ende.)

Ende des dritten Aktes.

Vierter Akt.

Spielt auf dem Schlosse zu Rudolstadt am Abend des 9. Oktober 1806. Ein mittelgroßer Saal, Empfangssaal des Prinzen, mit Eingängen durch die Mitte und auf beiden Seiten.

Erste Scene.

Lieutenant **von Nostitz** (im eigenen Haar, leicht gepudert, ohne Zopf). **Ein Unterofficier.** Dann **Dussek.**

von Nostitz (den Unterofficier unterweisend).

Die Patrouille reitet bis Schwarza vor und erwartet dort an der Brücke Se. Königliche Hoheit den Prinzen! Erhält sie von diesem keine neuen Befehle, so kehrt sie hierher zurück! Andernfalls nach Ordre! Verstanden?

Unterofficier.

Zu Befehl, ja — Herr Lieutenant!

von Nostitz.

Gut! Kehrt! Marsch!

Unterofficier (ab durch die Mitte).

Dussek (von der Seite).

Darf man eintreten, Herr Lieutenant?

von Nostitz.

Nur näher, Maëstro! Ich bin ganz allein, wie Sie sehen.

Dussek.

Nichts Neues aus Berlin?

von Nostitz.

Aus Berlin — immer aus Berlin! Können Sie das denn gar nicht vergessen? Wir sind im Felde! Für uns ist Berlin jetzt in Erfurt, dem Hauptquartier Sr. Majestät des Königs.

Duſſek.

Ach ja — dieſer leidige Krieg! Seit ſechs Wochen ziehen wir nun von Ort zu Ort und wiſſen heute nicht, wo wir morgen ſein werden. Und was wird dabei aus der Muſik?

von Noſtitz.

Inter arma silent musae, geliebter Maëſtro! Jetzt werden wir bald andere Melodien zu hören bekommen, zu denen die Kanonen den Grundbaß abgeben.

Duſſek.

Gott ſteh' uns bei! Alſo ſoll es wirklich Ernſt werden?

von Noſtitz.

Blutiger Ernſt! Die Franzoſen ſind vom Main her im Vormarſch. Sie ſtehen ſchon in Gräfenthal und Saal- burg und werden uns morgen ihre Viſitenkarten ſchicken. Wir werden ſie feierlich empfangen!

Duſſek.

Aber morgen ſoll ja hier im Schloſſe ein großes Concert vor den fürſtlichen Durchlauchten ſtattfinden, in dem Se. Königliche Hoheit der Prinz ſeine neueſte Compo- ſition ſpielen will. Ich habe Alles ſchon vorbereitet.

von Noſtitz.

Packen Sie die Noten nur wieder ein, Meiſter Duſſek! Wer weiß, wo wir morgen Abend das müde Haupt hin- betten werden. Jedenfalls heißt es jetzt, auf dem Qui vive ſein!

Duſſek.

Seien Sie gnädig, lieber Herr von Noſtitz! Am Ende verlangen Sie noch, daß auch ich die Muskete nehme und mit gegen die Franzoſen marſchire.

von Noſtitz.

Warum nicht?

Duſſek.

Ich danke, iſt nicht mein Beruf!

von Noſtitz.

Wenn auch nicht mit der Muskete, aber vielleicht mit der großen Trommel, oder wenigſtens mit dem Taktſtock

vor einem Musikcorps. Würde sich gar nicht schlecht aus-
nehmen!

Duffek.

Sie haben auch noch Lust zum Scherzen! Nein, nein,
dann reise ich lieber wieder nach Hause — d. h. mit Sr.
Königlichen Hoheit Erlaubniß. Es soll auch jetzt noch ganz
lustig hergehen in Berlin.

von Rostitz.

Sodom und Gomorrha!

Duffek.

Oho! Na, Sie wären es auch nicht, den der Herr,
wie Lot, um seiner Gerechtigkeit willen verschonte.

von Rostitz.

Wir werden jetzt schon geläutert werden, lieber Maëstro!

Duffek.

Gott gebe es! — A propos, die schöne Frau Pauline
hat ihren Schmerz über den Abschied vom Prinzen rasch
vergessen und sich eine ganze Schaar anderer Verehrer
zugelegt. Ihr Mann, Herr Wiesel, ist aus Verdruß darüber
auf Reisen gegangen — weit weg, nach Italien, glaubt
man. Graf Tilly schreibt es mir und fügt hinzu, daß seine
Equipirung noch immer nicht fertig sei und er uns deshalb
noch nicht folgen könne.

von Rostitz.

Er ist in Berlin besser aufgehoben, wir vermissen ihn
nicht; und was Frau Pauline Wiesel anlangt, so konnte
das Ende kein anderes sein. Legen wir sie zu den Todten!

Duffek.

Bei denen wir vielleicht auch bald liegen werden.

von Rostitz.

Wer weiß es!

Zweite Scene.

Vorige. Lieutenant **von Egidy.**

von Egidy (tritt durch die Mitte ein, meldend).

Souslieutenant von Egidy, vom fächfifchen Regiment
Kurfürst. — Herrje! Noftig! Alter Freund, wie geht's?

von Noftig (ihn begrüßend).

Egidy! Sie hier? Was führt Sie zu uns?

von Egidy.

Habe Befehl, mich bei Sr. Königlichen Hoheit, dem
Prinzen, als Ordonnanzofficier zu melden.

von Noftig.

Schön — dann müssen Sie aber warten! Der Prinz
ist ausgeritten. Machen Sie sich's bequem!

von Egidy (legt den Hut ab).

Verdammt nobel wohnt Ihr hier! Stattliches Schloß
— Prunkzimmer! Alle Wetter, während wir auf Stroh
unter freiem Himmel campiren, schlaft Ihr unter seidenen
Himmelbetten. Freilich, dafür seid Ihr auch das Haupt-
quartier! Verpflegung gewiß auch prinzlich — was?
Seid gut aufgenommen?

von Noftig.

Na, es geht! Der Fürst hat die köftlichen Spring-
brunnen seiner Weinkeller geöffnet und die Ankunft des
Prinzen durch einen Ball gefeiert. Wir verlangen's nicht
besser!

von Egidy.

Famos! Wir leben nur von Quellwasser und Kar-
toffeln, wenn wir sie haben.

von Noftig.

Tröften Sie sich nur! Wenn wir erst die Franzosen
geschlagen haben, wird es schon anders werden.

von Egidy (lebhaft).

Die Franzosen schlagen! Wir Sachsen sind dabei.
Geht Ihr nur voran, Ihr Herren vom Commando — an

uns soll's nicht fehlen! Aber man munkelt so Allerlei von
Uneinigkeit unter den Höchstcommandirenden und die Truppen
müssen es entgelten. Wir werden hin- und hergeschoben
— heute hierhin, morgen dorthin — und der Humor geht
dabei zum Teufel.

von Nostitz.

Nicht murren im Gliede, Freund Egidy! Aber Sie
haben nicht Unrecht. Sie kochen da allerlei zusammen in
Erfurt und wir sollen es ausessen. Man merkt, daß der
Graf Haugwitz und der Cabinetsrath Lombard e tutti quanti
noch immer mit dabei sind. Die Diplomaten im Feldlager!
Das heißt die Pferde hinter den Wagen spannen! Der
Prinz ist längst ungeduldig darüber und wird jetzt auf
eigene Faust handeln. Wir gehen morgen vorwärts, verlassen Sie sich darauf! Der erste Schlag in diesem Feldzuge
wird von uns gethan werden, wenn ihn sonst Niemand
wagt.

von Egidy.

Bravo! Schneidiger Herr, Ihr Prinz! Kümmert sich
nicht um die alten Zöpfe — — Aber, was ist denn das?
Wo ist denn Ihr Zopf geblieben, Nostitz? Sie sehen ja
verteufelt neumodisch aus!

von Nostitz.

Ich trage mich nach der Façon meines gnädigen Herrn,
der sich den Zopf in Jena abgehackt hat.

von Egidy.

Zopf ab! Famose Idee das, beim heiligen Mars!
Muß ich meinem Commandeur überbringen — liebt Neuigkeiten, Ueberraschungen! Der Herr hier (auf Dussek deutend)
— vermuthlich der Friseur oder der Kammerdiener —
schneidet mir vielleicht auch den meinigen ab.

Dussek (der bisher mit einem Notenhefte am Fenster gestanden hat).
Ich?

von Nostitz (lachend).

Hahaha! Egidy, was fällt Ihnen ein! Der Herr
hier ist kein Friseur, sondern der Kapellmeister Dussek.

von Egidy.

Thut nichts! Schneidet mir den Zopf am Ende doch ab, wenn ich ihn darum bitte.

Dussek.

O, wenn Sie es durchaus wünschen, Herr Lieutenant, mit Vergnügen! Setzen Sie sich — ich will es wenigstens versuchen. (Er nimmt eine große Papierscheere vom Tisch und hängt Egidy eine Tischdecke um die Schultern).

von Egidy.

Sind Sie bereit?

Dussek.

Jawohl!

von Egidy.

Ich auch! Schön, also jetzt kann's losgehen.

Dritte Scene.

Vorige. General Bevilaqua (durch die Mitte.)

Bevilaqua.

Teufel! Was geht denn hier vor? Lieutenant von Egidy, was soll das bedeuten?

von Egidy (aufspringend).

Zu Befehl, Herr General! Ich lasse mich nach dem neuesten Reglement frisiren.

Bevilaqua.

Frisiren? Hier in den Zimmern Sr. Königlichen Hoheit?

von Egidy.

Zu Befehl, Herr General! Der Zopf ist außer Mode — — Se. Königliche Hoheit haben ihn abzuschneiden geruht.

Bevilaqua.

Warten Sie für Ihre Person aber lieber, bis die neue Mode allgemein geworden ist.

von Egidy.

Zu Befehl, Herr General!

Bevilaqua.

Es thäte Noth, daß wir ganz andere Zöpfe beseitigten. Se. Königliche Hoheit der Prinz ist nicht anwesend, wie ich höre, Lieutenant von Nostitz?

von Nostitz.

Leider nein, Herr General — wenn Sie ihn zu sprechen wünschen. Aber er kann jeden Augenblick von seinem Recognoscirungsritt zurück sein.

Bevilaqua.

So werde ich ihn erwarten. Pulver auf die Pfanne, wird es bald heißen! Das kreiscommissarliche Hin- und Herschieben nimmt ein Ende — Gott sei Dank, und der Soldat weiß, wozu er auf der Welt ist!

Dussek.

Der Herr General gestatten wohl, daß ich mich entferne?

Bevilaqua.

Bitte, bitte, ich halte Sie nicht.

Dussek.

Ich danke Ihnen, Excellenz! (für sich). Jetzt giebt's gewiß Kriegsrath. Ich werde den Prinzen aber doch, wenn er zurück ist, zum Musiciren abholen. (Ab zur Seite.)

Bevilaqua.

Sind Nachrichten über den Feind hier eingegangen?

von Nostitz.

Wir wollen sie selbst holen, Herr General! Se. Königliche Hoheit hat die Absicht, morgen den Franzosen entgegenzugehen.

Bevilaqua.

Bravo!

von Nostitz.

Der Prinz ist in der Richtung auf Saalfeld vorgeritten, um das Terrain in Augenschein zu nehmen und Anordnungen über die Aufstellung der Vorposten zu treffen. Ich habe ihm auf seinen Befehl eine Patrouille nach Schwarza nachgesandt.

Bevilaqua.

General Tauenzien soll von Schleiz abgedrängt worden sein.

von Nostitz.

Davon ist hier nichts bekannt.

Bevilaqua.

Das glaube ich wohl! Geht ja Alles den weiten Weg über Jena oder gar über Erfurt. Flüchtige Landleute haben mir die Nachricht zugebracht.

von Nostitz.

Wird vielleicht übertrieben sein, wenn mir der Herr General die Bemerkung gestatten wollen.

Bevilaqua.

Uebertrieben oder nicht! Jedenfalls ist es bei Schleiz heute zur Aktion gekommen, und General von Tauenzien hat die Stellung dort aufgeben müssen, nachdem er Hof bereits vorgestern geräumt hatte.

von Nostitz.

Wir wissen nur, daß französische Heerestheile bei Bayreuth und Bamberg stehen, mit Front gegen das Voigtland. Ihr Vorrücken ist allerdings stündlich zu erwarten. Hat General von Tauenzien den Posten bei Schleiz aufgegeben, so ist es vermuthlich auf Befehl des Fürsten Hohenlohe geschehen; jedenfalls werden wir dann aus dem Hauptquartier benachrichtigt werden.

Bevilaqua.

Mit der Schneckenpost vielleicht.

von Egidy (am Fenster stehend).

Die Wache tritt in's Gewehr; Se. Königliche Hoheit der Prinz reitet soeben in den Schloßhof, dem Herrn General ganz gehorsamst zu melden.

von Nostitz (geht ab durch die Mitte).

Mit Verlaub, Herr General!

Bevilaqua.

Bitte, bitte! Vortrefflich! So kann ich gleich selbst seine Befehle für morgen in Empfang nehmen. Lassen Sie uns Sr. Königlichen Hoheit entgegengehen — kommen Sie!

von Egidy.

Zu Befehlen, Herr General.

(Sie wenden sich nach der Thür.)

Vierte Scene.

Vorige. **Prinz Louis Ferdinand** (gleichfalls ohne Zopf, eigenes Haar, leicht gepudert.)

Prinz Louis Ferdinand (mit Nostitz durch die Mitte eintretend).

Seien Sie mir gegrüßt, Herr General Bevilaqua!

Bevilaqua.

Ew. Königlichen Hoheit unterthänigst zu melden, daß ich mit den Regimentern Kurfürst und Prinz Clemens be= fohlenermaßen von Stadt Ilm eingetroffen bin und in Rudolstadt Quartier genommen habe. Die Batterie Hoyer habe ich daselbst bereits vorgefunden.

Prinz Louis Ferdinand.

Ich danke Ihnen, Herr General! Das Regiment Xavier ist gleichfalls hierher dirigirt und wird zu Ihrer Brigade stoßen, der ich überdies noch das Regiment Müffling und die Batterie Riemann=zugetheilt habe. Wir werden morgen mit dem Feinde zusammentreffen; halten Sie sich bereit, früh zu guter Stunde schon auszurücken.

Bevilaqua.

Zu Befehlen! Haben Ew. Königliche Hoheit Nachricht vom General von Tauenzien? Der Posten bei Schleiz soll verloren sein.

Prinz Louis Ferdinand.

Das ist ein Irrthum! Es hat dort heute in der Frühe ein Zusammenstoß stattgefunden; die Kanonade ist bis Saalfeld gehört worden. Aber die Franzosen sind im

Nachtheil geblieben. Ein Feldjäger hat die Nachricht um Mittag schon in's Hauptquartier gebracht, und Se. Durch= laucht, der Fürst Hohenlohe, hat mich davon in Kenntniß gesetzt. Hier, lesen Sie selbst die Abschrift der Meldung des General von Tauenzien an den Fürsten, die mir soeben unterwegs durch eine berittene Ordonnanz behändigt worden ist.

Bevilaque (liest).

„Ew. Durchlaucht melde ganz unterthänigst, daß Alles glücklich und ehrenvoll beendet ist. Wo sich die Franzosen gezeigt haben, sind sie zurückgeschlagen worden, und nach den vorgefundenen Montirungsstücken und Gepäck zu ur= theilen, in Eil. Jetzt zieht sich Alles zurück, und wenn meine Avantgarde Schleiz wird passirt haben, werde ich mit dem Ganzen nach Auma marschiren. Die Bravour und der Wille der Truppen ist unglaublich." (Das Papier zurückgebend.) Das lautet allerdings günstig, und die gegen= theiligen Gerüchte, die uns auf dem Marsche hierher zu= gingen, sind wohl auf den Schrecken des Landvolks zurück= zuführen. Wir werden also das rechte Saaleufer nicht preiszugeben brauchen.

Prinz Louis Ferdinand.

Das halten Tauenzien und Hohenlohe! Meine Dis= positionen für morgen sind bereits getroffen, und ich brauche sie nach dem Erfolge, den der General von Tauenzien errungen, nicht mehr zu ändern. Wir rücken über Saalfeld hinaus den Franzosen entgegen; Ihre Truppen bilden das Gros, Generalmajor von Trützschler führt die Avantgarde, fünf Escadrons sächsischer Husaren und sämmtliche Schützen. Unsern rechten Flügel deckt General Pelet bei Blankenburg, den linken die Saale und General von Schimmelpfennig mit seinen Husaren. Ein Theil unserer Batterien bleibt bei Schwarza in Reserve. Saal= feld ist überdies durch Oberst von Rabenau besetzt. Ich habe Sr. Majestät dem König und dem Herzog von Braun= schweig Meldung von meiner Absicht gemacht und darum gebeten, daß die Avantgarde der Hauptarmee unter Blücher morgen sich mit mir vereinigt. Sie, Lieutenant von Egidy, gehen sofort mit einer schriftlichen Meldung und mündlichen

Inſtruktionen an Se. Durchlaucht den Fürſten Hohenlohe nach Jena ab, und kehren nach erledigtem Auftrag ohne Verzug hierher zurück. Lieutenant von Noſtitz wird Ihnen das Erforderliche übermitteln.

von Egidy.

Zu Befehlen, Königliche Hoheit!

Prinz Louis Ferdinand.

Beſtellen Sie Sr. Durchlaucht meine perſönlichen Grüße, mit dem Hinzufügen, daß ich morgen früh die Franzoſen angreifen würde. Nehmen Sie ein Pferd aus meinem Stalle; wenn Sie ſich beeilen, können Sie vor Beginn der Affaire wieder bei uns ſein.

von Egidy.

Ich werde es an nichts fehlen laſſen, Königliche Hoheit! Mit eigenen Sporen und fremden Pferden nehme ich es mit jedem Reiter auf.

Prinz Louis Ferdinand.

Gut ſo, und Gott befohlen!

(von Egidy und von Noſtitz ab zur Seite).

Fünfte Scene.

Prinz Louis Ferdinand. General Bevilaqua.
Eine Ordonnanz. Dann Hauptmann von Valentini.

Prinz Louis Ferdinand.

Ich werde die Ordre de bataille für morgen noch heute Abend den Truppenführern zuſtellen laſſen. Die Colonne ſoll früh 7 Uhr auf dem Wege nach Saalfeld zwiſchen Rudolſtadt und Volkſtädt zum Abmarſch bereit ſtehen.

Ordonnanz durch die Mitte eintretend, meldend).

Der Herr Hauptmann von Valentini.

Prinz Louis Ferdinand.

Soll eintreten — raſch!

Ordonnanz (geht ab).

Prinz Louis Ferdinand (zu Bevilaqua).

Nachrichten vom König — wir werden hören, was man im großen Hauptquartier beschlossen hat.

von Valentini (durch die Mitte eintretend).

Zurück von Erfurt, Ew. Königlichen Hoheit unter= thänigst zu melden.

Prinz Louis Ferdinand.

Nun, Hauptmann von Valentini, welche Botschaft bringen Sie mir?

von Valentini.

Ich habe keine schriftliche Ordre, nur mündliche Auf= träge.

Prinz Louis Ferdinand.

Sprechen Sie ohne Rückhalt! Ich wünsche, daß der Herr General Bevilaqua von Allem mit Kenntniß erhalte. Ist der Herzog von Braunschweig zum Schlagen bereit?

von Valentini.

Nein, Ew. Königliche Hoheit!

Prinz Louis Ferdinand (überrascht).

Nein?

von Valentini.

Der Herr Herzog ist der Meinung, daß die Armee sich abwartend verhalten und bei Hochdorf und Blankenhain eine concentrirte Stellung einnehmen soll. Die entsprechende Ordre ist auch dem Fürsten Hohenlohe zugegangen, mit der Weisung, sein Corps zwischen Hochdorf und der Saale aufzustellen.

Prinz Louis Ferdinand.

Das ist nunmehr die vierte veränderte Disposition, die man im Hauptquartier trifft, und das angesichts des heranrückenden Feindes, der uns in jedem Augenblick über= laufen kann.

von Valentini.

Ew. Königliche Hoheit sollen die Stellung bei Rudol= stadt und Blankenburg bis zum Herannahen der Haupt= armee festhalten, ohne sich zu einem Angriff verleiten zu lassen oder sonst etwas Entscheidendes zu unternehmen.

Prinz Louis Ferdinand.

So, so — das diktirt man mir im Hauptquartier, ohne
auf meine dringenden Vorstellungen zu hören, und ohne
überhaupt zu wissen, wie es hier vorn bei uns aussieht.
Haben Sie den König nicht gesprochen? Sind Sie bei
Blücher gewesen und bei dem Herzog von Weimar?

von Valentini.

Gewiß — nach Ew. Königlichen Hoheit Befehlen!
Auch Ihre Majestät die Königin hatte die Gnade, mich
zu empfangen. Der Herzog Carl August von Weimar
aber war bei seinem Corps und in Erfurt nicht anwesend.

Prinz Louis Ferdinand.

Nun? Weiter!

von Valentini.

Se. Majestät der König wies mich an den Herzog
von Braunschweig, dem ich Ew. Königlichen Hoheit Schreiben
übergab. Ich wurde nach einer Stunde wieder befohlen,
während welcher ich den Generallieutenant von Blücher
aufsuchte, der selber voller Ungeduld auf den Befehl zum
Vorwärtsgehen harrt, dem es aber bis jetzt nicht gelungen
ist, seiner Meinung einen entscheidenden Einfluß zu ver-
schaffen. Als ich nach einer Stunde mich auf's Neue bei
dem Herzog von Braunschweig meldete, wurde mir der
Ew. Königlichen Hoheit mitgetheilte Bescheid. Der Herzog
fügte hinzu, man müsse Mäßigung zeigen, weil die Absichten
des Feindes noch keineswegs klar seien. Vielleicht lasse sich
der Krieg überhaupt noch vermeiden; Napoleon habe auf
die preußische Note vom 1. October bis jetzt noch nicht
geantwortet.

Prinz Louis Ferdinand (erregt).

Ist es glaublich? Welche Verblendung! Graf Haugwitz und kein Ende! Sie hören es, General Bevilaqua!

Bevilaqua.

Ich höre es, Königliche Hoheit.

Prinz Louis Ferdinand.

Napoleon hat auf die papierene Note des Herrn von
Haugwitz noch nicht geantwortet. Die Herren in Erfurt

6*

warten darauf! Er wird antworten, aber mit dem Degen in der Faust, daß ihnen Hören und Sehen vergehen wird! Die Kanonenschläge von Hof und Schleiz künden ihn schon an, er wird seine Antwort persönlich überbringen. (Er geht erregt auf und ab, nach einer Pause ruhiger.) Aber Sie sind mit Ihrem Berichte noch nicht zu Ende, Hauptmann von Valentini. Was erfuhren Sie bei der Königin?

von Valentini.

Ihre Majestät empfing mich sehr gnädig. Als ich ihr die Worte des Herzogs von Braunschweig mitgetheilt, zeigte sich Ihre Majestät sichtlich betroffen. Daß Napoleon nicht angreifen werde — erwiderte sie — sei die Ansicht des Marquis von Lucchesini, die derselbe von Paris mitgebracht habe, und Graf Haugwitz pflichte ihm darin bei.

Prinz Louis Ferdinand.

Natürlich! O ich kenne diese blöde Friedensschalmei!

von Valentini.

Der König aber sei nur zu sehr geneigt, solchen Meinungen Gehör zu geben, weil er sich noch immer vor der Verantwortung scheue, Blut und Leben seines Volkes in einem ungewissen Kriege zu wagen. Aber — fügte Ihre Majestät hinzu — das Vaterland sei in Gefahr, sie zähle auf die Entschlossenheit und das patriotische Herz Ew. Königlichen Hoheit!

Prinz Louis Ferdinand.

So wahr mir Gott helfe, sie soll sich in mir nicht getäuscht haben! Ihre Majestät giebt uns selbst das glänzendste Vorbild patriotischen Opfermuths, indem sie es auf sich nimmt, ihren Gemahl in das Feldlager zu begleiten; und wohl uns, daß es so ist, daß ihr Geist das Dunkel dieser Stunden erhellt! — Sind Sie zu Ende, Hauptmann von Valentini?

von Valentini.

Ich bin es, Königliche Hoheit.

Prinz Louis Ferdinand.

Nun denn, General Bevilaqua, jetzt wissen Sie, wie
die Dinge liegen, und wie die Ehre Preußen's und Deutschland's — auch Ihres Vaterlandes, Herr General —
Gefahr läuft, von unfähigen Diplomaten und Feldherrn
geopfert zu werden. Hier gilt kein längeres Besinnen.
Mein Entschluß steht fest! Ich will die verderblichen Rath-
schläge des Herrn von Haugwitz ein für allemal zerstören.
Morgen gehe ich den Franzosen entgegen — und wäre es
auch nur, um einen abermaligen faulen Frieden zu ver-
hindern, der uns mehr schädigen würde in der Achtung
der Welt, als ein verlorener Feldzug. Darf ich auf Sie
und Ihre Truppen zählen, General Bevilaqua?

Bevilaqua.

Ew. Königliche Hoheit haben nur zu befehlen! Der
Wille des Kurfürsten, meines gnädigen Kriegsherrn, hat
uns hierher gesandt, und ich weiß, was ich meiner Ehre
und der Ehre Sachsen's, sowie der Truppen, die ich führe,
schuldig bin.

Prinz Louis Ferdinand.

Das ist die Antwort eines Soldaten! Geben Sie mir
die Hand, Herr General! Das heutige Rencontre von
Schleiz ist kein ungünstiger Anfang; wir dürfen den Vortheil nicht unbenützt lassen. Möge der morgende Tag die
Waffenbrüderschaft Sachsen's und Preußen's dauernd besiegeln!

Sechste Scene.

Vorige. Lieutenant **von Nostitz.** Dann ein
französischer **Gefangener.**

von Nostitz (durch die Mitte eintretend).

Ew. Königliche Hoheit gestatten mir zu melden, daß
soeben eine unserer Patrouillen seitwärts von Saalfeld, bei
Garnsdorf, einen französischen Husaren aufgebracht hat.
Ich habe den Mann hierher bringen lassen. Es ist ein
Elsässer, der deutsch spricht und der wichtige Aufschlüsse
zu geben geneigt scheint.

Prinz Louis Ferdinand.

Laſſen Sie ihn eintreten — ich will ihn ſelber hören!

von Noſtiß (öffnet die Thür und läßt den Gefangenen herein).

Gefangener (bleibt finſteren Geſichts im Hintergrunde ſtehen).

Prinz Louis Ferdinand (ihn betrachtend).

Tritt näher, Kamerad! Du biſt ein Elſäſſer?

Gefangener (finſter, kurz).

Ja, Herr!

Prinz Louis Ferdinand.

Woher?

Gefangener.

Aus Straßburg.

Prinz Louis Ferdinand.

Deutſches Land — einſt und wann wieder? — — Zu welchem Regiment, welchem Corps gehörſt Du?

Gefangener.

Zehntes Huſarenregiment — fünftes Corps. — Sie werden es bald zu ſehen bekommen!

Prinz Louis Ferdinand.

Oho — ſteht Ihr uns ſchon ſo nahe?

Gefangener.

So nahe, daß Ihre Leute mich zu greifen vermochten, als ich in dem verfluchten Debouché mit meinem Pferde ſtürzte.

von Noſtiß.

In der That, Königliche Hoheit, man kann vom Schloßthurm aus die feindlichen Wachtfeuer über Saalfeld hinaus und im Amte Lauenſtein deutlich beobachten.

Gefangener (lacht).

Haha! Sehen Sie — das ſind meine Kameraden, die mich morgen wieder holen werden. Dreißigtauſend Mann unter Marſchall Lannes, und der Kaiſer iſt auch dabei!

Prinz Louis Ferdinand.

Der Kaiſer? Das dichteſt Du wohl hinzu, Kamerad — Euer Kaiſer iſt in Würzburg, aber nicht bei Euch.

Gefangener.

Oh, der Kaiſer iſt überall! Vive l'Empereur! Wir
haben ihn geſehen, geſtern, heute, alle Tage — und Sie
werden ihn auch ſehen, Herr! Aber im Schlachtgewühl!
Der Sieg ſchreitet vor ihm her und die Gloire ebnet ſeine
Bahnen. Sie werden morgen ſo vor ihm ſtehen, wie ich
jetzt vor Ihnen, oder Alle erſchlagen liegen!

Prinz Louis Ferdinand.

Genug, genug, Kamerad!

Bevilaqua.

Der Menſch ſcheint mir betrunken.

Gefangener.

Nicht betrunken, Herr! Wir haben in vierundzwanzig
Stunden kein Brod und kein Feuer geſehen. Aber ich
weiß, daß der Kaiſer befohlen hat, morgen anzugreifen
und zu ſiegen. Und was er befiehlt, das geſchieht — Sie
werden es erleben.

Bevilaqua.

Kerl! Du biſt doch ein Deutſcher, ſprichſt unſere Sprache!
Kennſt Du Dein Vaterland und Deine Landsleute nicht?

Gefangener.

Mein Vaterland iſt Frankreich — meine Familie die
Armee — ich habe keine andere!

Prinz Louis Ferdinand.

Gut — es iſt gut! Lieutenant von Noſtitz, bringen
Sie den Mann nach der Wache und ſorgen Sie dafür,
daß er gut behandelt und verpflegt wird. — Du kannſt
gehen, Kamerad! Laß Dir die Zeit bis morgen nicht lang
werden; dann wird ſich's ja zeigen, was Deine Prophe-
zeihungen werth waren.

Gefangener.

Gewiß, Herr! Gute Nacht, Herr! Bis morgen! Vive
l'Empereur!

(Ab mit Noſtitz durch die Mitte.)

Siebente Scene.

**Prinz Louis Ferdinand. General Bevilaqua.
Hauptmann von Valentini.**

Prinz Louis Ferdinand.

So stehen die Dinge! Marschall Lannes im Anmarsch
gegen uns mit einer Armee von dreißigtausend Mann —
wir hören das Schnauben seiner Rosse, sehen seine Kanonen
und Bajonette blitzen — und in Erfurt hat man noch
Zeit, sich in Träumereien von der Erhaltung des Friedens
und von der Nachgiebigkeit Napoleon's zu wiegen!

Bevilaqua.

Der Bursche hat offenbar den Mund zu voll ge=
nommen.

Prinz Louis Ferdinand.

Mag sein! Ich glaube auch, daß wir es zunächst nur
mit der Avantgarde des Marschalls zu thun haben werden;
das Gros seines Corps wird noch weiter zurück sein. Aber
sie sind schnell, die Franzosen; die Erfolge ihrer Taktik
liegen in ihren Beinen. Und dazu dieser Fanatismus, dieses
Vergöttern des obersten Feldherrn, wie dieser gefangene
Elsässer uns eben gezeigt hat! Mit solchen Soldaten kann
man die Welt erobern! Wir sind in allen Punkten im
Nachtheil.

Bevilaqua.

Auch unsere Leute werden ihre Pflicht thun, gnädigster
Herr!

Prinz Louis Ferdinand.

Ich hoffe es — und gehen wir selber ihnen darin
voran! Das erste Blut in diesem Feldzuge ist geflossen —
es darf nicht wie in einem Faßnachtsspiel dahin gegeben
sein! Das Schicksal hat uns an einen entscheidungsvollen
Platz gestellt. Mögen die Herren in Erfurt die Augen
schließen — das Vaterland sieht auf uns und es soll erkennen,
daß wir seines Vertrauens würdig waren!

Achte Scene.

Vorige. Dussek.

Dussek.

Verzeihung, gnädigster Herr, wenn ich störe! Die hochfürstlichen Durchlauchten lassen Ew. Königliche Hoheit mit Höchstdero Gästen bitten, bei ihnen einzutreten. Die Frau Fürstin hofft, daß Ew. Königliche Hoheit das Versprechen wahr machen und ihr Höchstdero neueste Composition vorspielen werden. Sie liebe die Musik über Alles!

Prinz Louis Ferdinand.

Musik? Ja, kommen Sie, meine Herren! Die Frau Fürstin soll nicht vergeblich warten. Musik ist in meinem Herzen und in meiner Seele, denn uns erwartet der Feiertag der Schlacht! Ob wir siegen werden, wenn wir morgen den Franzosen entgegen gehen, steht dahin — aber das Eine ist klar, daß wir kämpfen müssen! Kommen Sie!

(Er wendet sich zum Gehen, der Vorhang fällt rasch.)

Ende des vierten Aktes.

Fünfter Akt.

Spielt zu Wöhlsdorf am 10. Oktober 1806. Straße nach Saalfeld. Im Hintergrunde ein offenes Gehöft mit Vorgarten. Vor dem Auf= gehen des Vorhangs ein Trompetensignal und Trommelwirbel auf der Bühne. Ab und zu ferner Geschützdonner.

Erste Scene.

Der Ortsschulze. Dann sein Weib und sein Sohn.

Der Schulze.

Herr Gott im Himmel, was soll das werden! Das giebt heute noch einen unruhigen Tag! Cavallerie, In= fanterie, Artillerie — Sachsen und Preußen — und dazu das Schießen! Bum! Das war wieder ein Kanonenschuß und mir scheint, als käme es immer näher. Heute Morgen ist auch ein Prinz hier durchgeritten mit einem Federhut und einem großen Stern auf der Brust — der Prinz Louis Ferdinand von Preußen, sagten sie. Er kam von Rudolstadt. Ein schöner Mann, und wie saß er zu Pferde, und welch' ein Pferd! Sapperment! So hat sie selber unser gnädiger Herzog nicht im Stalle. Na, der wird wohl ein Wort mit den Franzosen zu reden wissen! (Nach rechts blickend.) Da kommen schon wieder Soldaten! Das ist ein Elend! Wenn man so gerade an der Straße liegt, läuft einem Alles in's Haus. Und gar von mir, dem Orts= schulzen, wollen sie Alles haben und wissen. — Nein, Gott sei Dank, sie wenden sich seitwärts, unten nach den Saale= wiesen.

Die Schulzin (tritt aus dem Hause).

Mann, komm' doch herein! Es ist hier draußen nicht sicher genug.

Der Schulze.

Laß mich nur! Wenn die Franzosen kommen, ist es auch drinnen nicht mehr sicher. Hast Du Alles nach dem Keller gebracht, was nicht niet- und nagelfest ist?

Die Schulzin.

Alles — bis auf die Tische und die Stühle; die werden sie uns doch nicht mit fortnehmen?

Der Schulze.

Wer kann's wissen! Wenn wir nur das Vieh noch hätten fortschaffen können! Unsere schönen Kühe und Kälber fressen uns die Franzosen alle weg, wenn sie erst hier sind.

Die Schulzin.

Na, ich denke doch, daß sie die Unseren nicht in's Dorf lassen werden. Wozu haben wir denn Soldaten?

Der Schulze.

Unsinn! Du red'st, wie Du es verstehst! Ich sage Dir, wenn es schief geht da vorne, sind wir Alle, erschossen.

Die Schulzin.

O Gott bewahre uns!

Der Schulze.

Mir hat die ganze Nacht von den Franzosen geträumt, und das bedeutet was.

Der Junge (der seiner Mutter nachgeschlichen ist).

Was denn, Vater? Ich habe noch keinen gesehen. Aber die Sachsen und die Preußen heute Morgen, als sie hier vorbeizogen, die sangen so lustig und sahen so vergnügt aus, als gäbe es überhaupt keine Franzosen auf der Welt.

Die Schulzin.

Wirst Du wohl, vorlauter Schlingel! Was thust Du hier? Habe ich Dir nicht gesagt, Du sollst im Hause bleiben?

Der Junge.

Na ja, Mutter, seid doch nicht gleich so! Ich will doch auch einmal von dem Geschieße was hören, und so viele Pferde und Soldaten sieht man auch nicht alle Tage.

Der Schulze.

Sie werden Dir schon noch die Nase putzen, wenn Du sie überall mit hineinstecken mußt! Mach, daß Du in's Haus kommst!

Der Junge.

Ja, ja, ich gehe ja schon! (für sich) Na, wenn ich groß bin, werde ich auch Soldat und ziehe mit gegen die Franzosen! (singt halblaut):

„Und wenn der große Friedrich kommt
Und klopft nur auf die Hosen,
Dann flieht die ganze Reichsarmee,
Panduren und Franzosen."

Der Schulze (nach links blickend).

Dort drüben traben Husaren quer über das Feld. Gut, daß wenigstens die Ernte herein ist!

Der Junge.

Hurrah! Jetzt galloppiren sie —! Vater, laßt mich nur ein kleines Stückchen auf der Straße vorlaufen; ich möchte um's Leben gern das Alles mal in der Nähe sehen.

Der Schulze.

Nichts da! Geh hinein, Junge, und Du auch, Frau! Mir scheint, die Geschichte kommt näher hierher. Da reitet ein Trupp Officiere auf uns zu — wir wollen uns ihnen nicht in den Weg stellen. Wenn sie uns brauchen, werden sie uns schon zu finden wissen.

(Alle drei ab in das Haus. Ab und zu ferne Kanonenschüsse, das Fortdauern des Gefechtes andeutend.)

Zweite Scene.

Prinz Louis Ferdinand. Lieutenant von Nostitz.

Prinz Louis Ferdinand (noch hinter der Scene).

Lassen Sie die Pferde von den Ordonnanzen auf- und abführen! Wir halten uns nicht auf. (Von links mit Nostitz auftretend, eine Karte in der Hand.) Ich habe den General Bevilaqua hierher beschieden, um mit ihm die Chancen eines etwa veränderten Vorgehens zu besprechen. Ist noch keine Antwort von dem Fürsten Hohenlohe da?

von Nostitz.

Noch nicht, Königliche Hoheit!

Prinz Louis Ferdinand.

Unbegreiflich! So muß der Lieutenant von Egidy aufgehalten worden sein.

von Nostitz.

Der Weg, den er zurückzulegen hat, ist weit, Königliche Hoheit. Vielleicht hat er den Fürsten in Jena nicht mehr angetroffen, und muß ihn anderwärts aufsuchen.

Prinz Louis Ferdinand.

Da kommt der General Bevilaqua! Reiten Sie bis Schwarza zurück, und sehen Sie, ob Sie Egidy's habhaft werden. Er kann nur von dort kommen, dirigiren Sie ihn sofort zu mir!

von Nostitz (ab nach rechts).

———

Dritte Scene.

Prinz Louis Ferdinand. General Bevilaqua mit einem Adjutanten (von links).

Bevilaqua.

Zu Ew. Königlichen Hoheit Befehlen!

Prinz Louis Ferdinand.

Wir werden hart gedrängt, Herr General! Die Franzosen sind uns an Truppenzahl, namentlich an Cavallerie, stark überlegen — darüber gebe ich mich keiner Täuschung mehr hin. Trotzdem hoffe ich, Saalfeld halten zu können bis die Avantgarde der Hauptarmee unter Blücher heran ist und wir über die Saale gehen können, um uns mit Tauenzien zu vereinigen — vorausgesetzt, daß wir nicht zu lange mehr warten müssen.

Bevilaqua.

Vielleicht kommt uns Fürst Hohenlohe noch rechtzeitig zu Hülfe!

Prinz Louis Ferdinand.

Er meldet sich noch immer nicht. Ich habe Nostitz Ihrem Lieutenant Egidy entgegengeschickt. Aber Antwort oder nicht — wir müssen Saalfeld zu halten suchen, weil wir nur dadurch den Feind hindern können, den nächsten Weg nach Neustadt zu benutzen.

Bevilaqua.

Die größte Gefahr droht uns auf unserem rechten Flügel. Es scheint die Absicht des Feindes zu sein, der immer stärkere Infanteriemassen dorthin wirft, uns von Schwarza abzuschneiden und gegen die Saale zu drängen.

Prinz Louis Ferninand.

Das muß verhütet werden! Gerade von Schwarza her erwarte ich das Einsetzen der Avantgarde von der Armee des Herzogs von Braunschweig. Wie steht es bei Ihren Truppen?

Bevilaqua.

Eine starke Tirailleurkette, der drei bis vier Bataillone geschlossen folgen, zieht sich rechts an den Berglehnen hin, in einem Terrain, wo sie sowohl vor den Wirkungen unseres Artilleriefeuers, als insbesondere auch vor den Angriffen der Cavallerie gesichert sind. Vorläufig bin ich noch in der Lage, sie im Schach zu halten, aber wie es in einer Stunde stehen wird, wenn ich keine Verstärkung erhalte, vermag ich nicht vorauszusagen.

Prinz Louis Ferdinand.

Dann schnell zu Pferde, General Bevilaqua! Ich will selbst sehen, was dort zu thun ist. Unsere Reserven sind leider schon verwendet. Wenn wir das Gefecht aber nur bis zum Eintritt der Dunkelheit fortzuführen vermögen, ist Alles gewonnen. Bis dahin muß General Blücher hier sein oder der Fürst Hohenlohe — man kann uns nicht im Stiche lassen!

Vierte Scene.

Vorige. Hauptmann von Valentini.

von Valentini (rasch von links auftretend).

Ew. Königlichen Hoheit unterthänigst zu melden, daß der Feind mit immer stärkeren Kräften auf Saalfeld drückt. Generalmajor von Trützschler läßt anfragen, ob er mit seinen fünf Escadrons, die bereits starke Verluste durch das feindliche Geschützfeuer erlitten haben, hinter Saalfeld zurück= gehen dürfe, wo er sie mit mehr Vortheil werde verwenden können?

Prinz Louis Ferdinand.

Wenn es nöthig und nützlich ist, ja! Bringen Sie ihm diese Antwort! Ich eile selbst zu ihm, sobald ich von unserem rechten Flügel abkommen kann. Man soll Saal= feld unter allen Umständen zu behaupten suchen — hören Sie? Koste es, was es wolle! — Rasch, die Pferde vor!

(Alle ab nach links.)

Fünfte Scene.

von Nostitz und von Egidy (beide von rechts kommend).

von Nostitz.

Der Prinz ist nicht mehr hier! Wir müssen eilen, ihn zu finden. Wollen Sie ihm Ihre Botschaft persönlich über= bringen, oder soll ich es für Sie thun?

von Egidy.

Ich habe nichts Schriftliches, nur mündliche Befehle — aber sie dulden keinen Aufschub, wenn sie nicht über= haupt schon zu spät kommen.

von Nostitz.

Also vorwärts! Ohne Säumen!

von Egidy.

Doch für alle Fälle — wenn ich den Prinzen ver-
fehlen sollte, oder wenn Sie ihn vor mir träfen — mein
Auftrag lautet: Se. Königliche Hoheit soll in der gestern
genommenen Position bei Rudolstadt stehen bleiben und
nicht angreifen, weil er, der Fürst befehligt wäre, die Linien
zu behaupten, die den Saalegrund decken.

von Nostitz.

Zum Teufel auch! Wir sind in vollem Angriff und
auf der ganzen Linie mit den Franzosen engagirt.

von Egidy.

Weiter läßt Se. Durchlaucht den Prinzen wissen, daß
General von Tauenzien die Position bei Schleiz gestern
hat räumen müssen. Die ersten Nachrichten von einem
angeblichen Siege desselben waren verfrüht; die Franzosen
haben ihren Angriff erneuert und der General ist total
geschlagen worden.

von Nostitz.

Geschlagen? Sind Sie bei Sinnen? Es hieß ja, er
habe gesiegt!

von Egidy.

Sein Corps befindet sich in vollständiger Deroute.

von Nostitz.

Und diese Nachricht ist verbürgt? Egidy, besinnen Sie
sich! Das ist ja nicht möglich!

von Egidy.

Verbürgter, als es die erste Siegesnachricht war! Ich
bin selbst flüchtigen Abtheilungen seines Corps begegnet.

von Nostitz.

Tauenzien geschlagen! Sie Unglücksbote! Auch das
noch! Dann rasch wieder auf's Pferd und den Prinzen
aufgesucht; wir finden ihn sicher, wo die größte Gefahr
ist. Jetzt steht Alles auf dem Spiele! Vielleicht, daß diese
letzte Nachricht ihm Anlaß giebt, seine Disposition zu
ändern — wenn es dazu überhaupt noch Zeit ist.

(Beide ab nach links.)

Sechste Scene.

Der Ortsschulze. Dann **Prinzessin Louise von Radziwill** mit einer Hofdame und einem Lakai.

Der Schulze (vorsichtig aus dem Hause tretend).

Die Luft ist wieder rein — sie sind alle fort! Aber das Getöse da vorn will nicht aufhören. Am Ende kriegen wir es doch noch hierher. (Nach rechts blickend.) Was ist denn das? Ein Reisewagen? Die Leute müssen es sehr eilig haben, daß sie sich bei solchen Zeiten hinauswagen! Sogar Damen sind es! Sie steigen aus und kommen hierher — da muß ich doch hören, was sie für ein Begehr haben.

Louise von Radziwill (in Begleitung einer Hofdame und eines Lakaien von rechts auftretend. Beide Damen sind schwarz gekleidet).

Könnt Ihr uns wohl sagen, lieber Freund, ob wir hier auf dem richtigen Wege nach Rudolstadt sind?

Der Schulze.

Ganz richtig, Ew. Gnaden zu dienen! Sie haben etwa noch zwei Stunden bis dahin.

Louise von Radziwill.

Wir kommen aus der Gegend von Erfurt und unser Kutscher, des Weges nicht kundig, hat sich verfahren. Wo sind wir hier?

Der Schulze.

In Wöhlsdorf, Ew. Gnaden zu dienen!

Louise von Radziwill.

Wöhlsdorf — (nach rechts deutend) und dieser Weg führt nach Rudolstadt?

Der Schulze.

Ew. Gnaden zu dienen! Ew. Gnaden kommen in Schwarza über die Saale. Die Brücke ist fest und sicher; von dort ist Rudolstadt nicht mehr zu fehlen.

Louise von Radziwill.

Ich danke Ihm, mein Lieber! Wißt Ihr, was das Schießen bedeutet, das man auf dem Wege hierher hört? Sollten die Franzosen, die ja wohl hier in der Nähe stehen, einen Angriff versuchen wollen?

7

Der Schulze.

O, das geht schon seit heute Morgen so. Sie sind ordentlich aneinander, die Franzosen und unsere Leute.

Hofdame.

Ew. Königliche Hoheit sollten sich nicht so großen Gefahren aussetzen.

Louise von Radziwill.

Lassen Sie nur, meine Liebe! Ich thue es nicht aus Uebermuth — mich führt die Pflicht — die schwesterliche Besorgniß, und außerdem der ausdrückliche Wunsch der Königin. Ich muß meinen Bruder sprechen und ihn warnen, daß er sich nicht unbedacht in Unternehmungen einläßt, die nach Lage der Dinge aussichtslos sind. Es steht Alles auf dem Spiele! Vielleicht kann uns der Mann hier noch nähere Auskunft geben. Sagt mir, mein Freund — wißt Ihr zufällig, was es für Truppenabtheilungen sind, die da vorn stehen? Ist Euch der Prinz Louis Ferdinand von Preußen bekannt?

Der Schulze.

Ei freilich! Der ist es just, Ew. Gnaden zu dienen, der sich mit den Franzosen herumschlägt.

Louise von Radziwill.

O meine Ahnung!

Der Schulze.

Er ist heute Morgen hier vorbeigekommen — ein stattlicher Herr, ein schöner Herr! Und ich glaube, er war auch vor einer Weile wieder hier, mit anderen Officieren. Sie haben sich aber nicht lange aufgehalten, sind gleich wieder weggeritten und seitdem kracht es immer stärker.

Louise von Radziwill (bestimmt).

Wir bleiben hier! (Zu dem Lakaien). Sorge dafür, daß der Reisewagen irgendwo untergebracht wird.

Hofdame.

Prinzessin, bedenken Sie — —

Louise von Radziwill.

Hier giebt es nichts zu bedenken. (Zu dem Schulzen.) Könnt Ihr uns für einige Stunden Unterkommen in Eurem Hause gewähren, und wollt Ihr meinem Bedienten und meinem Kutscher behülflich sein, den Wagen und die Pferde irgendwo in der Nähe in Sicherheit zu bringen, so werde ich es Euch reichlich lohnen.•

Der Schulze.

O wenn Ew. Gnaden mit meinem schlechten Dache zufrieden sein wollen — — (bei Seite) Prinzessin hat sie die andere Dame genannt, es muß etwas sehr Vornehmes sein — — Ew. Gnaden, Frau Prinzessin, belieben nur einzutreten! Die Pferde und der Wagen stehen in dem Schuppen hinter dem Hause ganz gut, das heißt, wenn die Franzosen nicht kommen. (Er bedeutet den Lakaien, der abgeht.)

Louise von Radziwill (die leise mit der Hofdame gesprochen hat.)

Es läßt mir keine Ruhe — was ich besorgt, ist geschehen! Ich muß versuchen, meinem Bruder eine Botschaft zukommen zu lassen, damit er weiß, daß er auf keine Hülfe zu rechnen hat. Vielleicht läßt sich das Aeußerste noch abwenden.

Hofdame.

Aber wen wollen Ew. Königliche Hoheit damit betrauen? Es ist Niemand hier, der uns helfen könnte.

Louise von Radziwill.

Vielleicht kann uns der Wirth behülflich sein, Jemanden zu finden. Lassen Sie uns zunächst in das Haus eintreten! (Alle drei ab in's Haus.)

Siebente Scene.

Hauptmann von Valentini. Dann der Schulze und die Prinzessin Louise von Radziwill mit ihrer Hofdame.

von Valentini (eilig von links kommend).

Heda! Leute! Wer wohnt hier? Heraus — heraus!

7*

Der Schulze (aus dem Hause kommend).

Da bin ich ja! Was steht zu Diensten? Herr Gott, ich bin erschrocken, daß mir alle Glieder zittern!

von Valentini.

Ohne Redensarten! Rasch Euer Haus hergerichtet für ein Lazareth! Schafft eine Tragbahre — Matratzen — rasch, Mann! Was steht Ihr — besinnt Euch nicht lange!

Der Schulze.

Ich gehe ja schon — ich eile! Wo das Alles her= nehmen, weiß Gott! Eine Tragbahre — Matratzen — Lazareth, daß Gott erbarm! Wir haben ja nichts mehr im Hause! (Geht ab).

Louise von Radziwill (mit der Hofdame auftretend).

Hauptmann von Valentini!

von Valentini.

Die Prinzessin von Radziwill! Ew. Königliche Hoheit hier! Sie sind hier nicht sicher, gnädigste Prinzessin — gestatten Sie mir, daß ich Sie weggeleiten lasse, und eilen Sie, ich bitte dringend in Ihrem eigenen Interesse, diesen Ort zu verlassen.

Louise von Radziwill.

Ich komme von Erfurt, bin auf dem Wege nach Rudolstadt, um meinen Bruder dort aufzusuchen und ihm wichtige Nachrichten zu überbringen. Der Zufall hält mich hier fest und ich höre, was Ihre Anwesenheit mir bestätigt, daß sein Corps ernsthaft mit dem Feinde engagirt ist. Das zu verhüten, war gerade der Zweck meines Kommens.

von Valentini.

Ew. Königliche Hoheit kommen zu spät — — ich wiederhole die Bitte, sich schleunigst von hier hinwegzu= begeben, wenn Sie nicht in die Katastrophe, die uns droht, verwickelt werden wollen.

Louise von Radziwill.

Drohende Katastrophe? Wie soll ich Ihre Warnung verstehen, Herr Hauptmann? Wo ist der Prinz, mein Bruder? Kann ich ihn sehen und wollen Sie ihm mittheilen, daß ich hier bin?

von Valentini.

Unmöglich, Ew. Königliche Hoheit — wir werden von den Franzosen hart gedrängt — das Gefecht kann sich jeden Augenblick hierher ziehen — — ich vermag dann nicht für Ew. Hoheit Sicherheit einzustehen.

Louise von Radziwill.

So schlimm ist es? Und mein Bruder? Was ist's mit ihm? Sie verheimlichen mir etwas — reden Sie, ich beschwöre Sie!

von Valentini.

Se. Königliche Hoheit Ihr Herr Bruder — — der Prinz Louis Ferdinand — —

Louise von Radziwill.

Nun?

von Valentini.

Er ist verwundet.

Louise von Radziwill.

Verwundet? O mein Gott!

von Valentini.

Ich bin eilig hierher geritten, um für seine Pflege Vorkehrungen zu treffen — —

Louise von Radziwill.

Verwundet, sagen Sie? Ist Gefahr dabei? O so muß ich bleiben — muß zu ihm!

von Valentini (dringend).

Ich bitte Ew. Königliche Hoheit!

Louise von Radziwill.

Wie ist Alles zugegangen? Sprechen Sie ohne Rückhalt — ich bitte, ich beschwöre Sie! — — Sie stocken — Sie zögern — ist er todt?

von Valentini (rasch).

Nein, nein, Prinzessin — nur verwundet, an der Spitze unserer Husaren, die er gegen den Feind führte. Um die durch die feindliche Uebermacht zurückgedrückte Infanterie zu stützen, befahl Se. Königliche Hoheit das Vorgehen der gesammten Reiterei. Generalmajor von Trützschler attakirte hierauf, und der Prinz auf seinem vorzüglichen Renner stürmte den Schwadronen voraus. Der Feind, durch dies ungestüme Vorgehen verwirrt, gerieth in Unordnung und begann zu weichen. Aber ehe noch das durch den Choc gleichfalls auseinander gekommene Regiment wieder ralliirt werden konnte, wurde es schon von einem feindlichen zweiten Treffen in der Front und der rechten Flanke angegriffen, während es die durch Saalfeld vorgegangene feindliche Reiterei zugleich in der linken Flanke und im Rücken umfaßte.

Louise von Radziwill.

O mein Gott!
von Valentini.

Es kam zu einem erbitterten Einzelkampfe. General von Trützschler und Oberst von Pflugk wurden schwer verwundet; ebenso Oberst von Kaphengst von den Schimmel= pfennig=Husaren. Die Husaren stürzten sich in Unordnung zurück. Der Prinz, noch immer kämpfend, bemühte sich, sie wieder zum Stehen zu bringen; doch wurde jeder auf diese Weise neu gebildete Trupp vom wilden Ansturm der Fliehenden und der Sieger sofort über den Haufen geritten. Zuletzt — —

Louise von Radziwill.

Nun?
von Valentini.

Zuletzt wurde auch der Prinz, den der allgemeine Strom mit fortriß, und den wir, Lieutenant von Nostitz und ich, vergeblich zu decken suchten, als sein Pferd beim Sprunge über einen Gartenzaun mit dem Hinterfuße hängen blieb, durch einen Hieb in den Kopf verwundet. Als er, sich wendend, den Gegner abwehren wollte, erhielt er von diesem noch einen Stich in die Brust, und jetzt erst gelang es uns, den theuren Herrn, im Schutze eines kleinen Häuf= leins Husaren, aus dem Gefechte zu bringen. Ich eilte voraus, hierher, um für die Unterbringung und Pflege des hohen Verwundeten Sorge zu tragen.

Louise von Radziwill (sucht sich zu fassen).

Wohl! Bringen Sie ihn hierher — ich bin bereit, meine Pflicht als Schwester an ihm zu erfüllen.

von Valentini.

Ew. Königliche Hoheit — bedenken Sie die Gefahr, der Sie sich aussetzen! Der Feind folgt uns wahrscheinlich auf dem Fuße.

Louise von Radziwill.

Er wird das Samariteramt, das ich ausübe, respektiren und die einer Dame, einer Königlichen Prinzessin von Preußen, gebührende Achtung nicht außer Augen setzen.

von Valentini.

Sie sind trotz alledem nicht sicher, gnädigste Prinzessin! Das Gefecht ist noch nicht zu Ende, und der Leidenschaft wild erregter Horden ist oft nur schwer ein Damm entgegenzusetzen.

Louise von Radziwill.

Nun wohl, so vertraue ich mich Ihrem ritterlichen Schutze an, Hauptmann von Valentini! Werden Sie mir denselben versagen?

von Valentini (feurig).

Ew. Königlichen Hoheit gehören mein Blut und Leben! Gebieten Sie über mich - ich werde Sie nicht verlassen!

(Einzelne verwundete und flüchtige Soldaten eilen über die Bühne.)

Achte Scene.

Vorige. Lieutenant von Egidy. Dann Lieutenant von Rossitz und Soldaten verschiedener Waffengattungen.

von Egidy (verwundet, von links, auf einen Soldaten gestützt).

So, bis hierher — ich kann nicht weiter!

von Valentini.

Sie sind verwundet, Herr Kamerad?

von Egidy.

Ja wohl, Herr Hauptmann!

von Valentini.

Bringen Sie neue Nachrichten über den Stand des Gefechtes?

von Egidy.

Es ist aus — wir sind vernichtet — geschlagen! Mein Regiment ist nach allen Winden zerstreut — General Bevilaqua ist gefangen.

von Valentini.

Eine neue Hiobspost! Treten Sie hier in das Haus, Herr Kamerad! Aerztliche Hülfe wird bald zur Stelle sein.

(Egidy ab in das Haus).

von Nostitz (den Arm in der Binde, von links).

Hierher! Folgt mir! — Was seh' ich! Ew. Königliche Hoheit hier — so nahe dem Gefecht? O, ich beschwöre Sie, fliehen Sie diesen Ort — jede Minute mehrt die Gefahr! Wir vermögen Sie nicht zu schützen. Der Feind ist dicht hinter uns — eilen Sie, gnädigste Prinzessin, ehe es zu spät ist!

Louise von Radziwill.

Ich weiß Alles, Herr von Nostitz. Wo ist mein Bruder — mein armer Bruder? Lebt er?

von Nostitz (schmerzlich, die Hand vor die Augen haltend).

O — Prinzessin!

von Valentini.

Sie bringen Se. Königliche Hoheit doch mit sich?

von Nostitz.

Ja — aber nur seine Leiche! Er ist todt!

Louise von Radziwill.

Todt?

von Nostitz.

Gefallen im echten Reiterkampfe — ein Fürst und ein Held!

von Valentini.

Als ich wegritt, lebte er.

von Nostitz.

Ja, aber seine Wunden waren tödtlich — in meinen
Armen hat er sein edles Leben ausgehaucht. Sein letztes
Wort war Ihr Name, gnädigste Prinzessin, und der der
Königin — Louise!

Louise von Radziwill (stützt sich, das Haupt erhebend, auf ihre
Begleiterin).

von Valentini (nach einer Pause).

Jetzt, gnädigste Prinzessin, wiederhole ich die Bitte,
auf Ihre Sicherheit zu denken. Der Todte hat von den
Lebenden nichts mehr zu fürchten, und dafür, daß unserem
fürstlichen Herrn die letzten Ehren zu Theil werden, lassen
Sie uns Sorge tragen!

Louise von Radziwill.

Ich danke Ihnen, meine Herren, aber ich bleibe, und,
wenn es nöthig ist, unter Ihrem Schutze. Abschied nehmen
will ich noch von dem geliebten Bruder, und sein ge=
brochenes Auge mit schwesterlicher Hand zudrücken. Führen
Sie mich zu seiner Leiche!

von Nostitz.

Sie ist hier. (Er winkt den Soldaten, die eine Bahre mit
der Leiche des Prinzen, von einem Feldmantel bedeckt, hereintragen).

Louise von Radziwill (steht, wie oben, auf ihre Begleiterin gestützt).

(Die Bahre mit der Leiche des Prinzen wird im Mittelgrund
der Bühne aufgestellt. Officiere und Soldaten verschiedener Waffen=
gattungen, zum Theil verwundet, sind inzwischen aufgetreten.)

Louise von Radziwill (halblaut für sich).

Sein letztes Wort war Louise! Der Königin treu
ergeben bis zum Tode!

von Valentini (die Prinzessin zu der Leiche führend).

Ew. Königliche Hoheit — hier liegt unser theurer
Führer!

Louise von Radziwill (tritt rechts an die Bahre).

von Nostitz (steht links an dem Kopfende derselben).

von Valentini (steht bei der Prinzessin).

Louise von Radziwill (den Mantel zurückschlagend).

Bruder! Louis! Schläfst Du? Weckt meine Stimme
Dich nicht auf? -- Nein, Du bist todt — todt — gefallen
für Dein Vaterland! Was wird nun kommen? Das ist die
Sterbestunde des preußischen Staates! Noth und Elend,
Demüthigung und Schmach werden über uns hereinbrechen!
(ferne Musik, Siegesmarsch der heranrückenden Franzosen.)

Louise von Radziwill.

Horch, das sind Deine Feinde, die Bedränger Deutschland's! Sie kommen, ihr Siegesjubel dringt über Deine
Bahre zu unseren Ohren! Du hörst ihn nicht mehr! Aber
aus Deinem Blute — Gott möge es geben — werden
uns einst die Rächer erstehen, die Deutschland befreien und
Deinen Tod sühnen! Lebe wohl, lebe wohl! (Sie kniet an
der Bahre nieder.)

(Gruppe. Der Vorhang fällt unter den Klängen der Marseillaise.)

Ende.